ビジュアル解説でよくわかる！

中学校
理科室
マネジメント
BOOK

山口 晃弘・宮内 卓也・前川 哲也 編著

はじめに

　本書の執筆者は，主に中学校現場で日々理科の授業を行う教師です。
　その志は「理科の授業で自然事象のおもしろさや不思議さを伝えたい」ということに尽きます。
　この背景には，近年，中学校の理科授業で観察・実験が敬遠されがちな雰囲気を肌で感じている，ということがあります。
　例えば，教科書に掲載されている観察・実験は簡単なものに限られ，しかも安全な試薬のみで行われるようになってきています。また，若い教師の間では，デジタルコンテンツによる模擬的な観察・実験や，板書による図示・説明だけで済ます"お茶を濁す"ような授業も増えています。
　こういった状況は，近年の学校事故の防止に対する危機意識の高まりが招いたのでしょうか。事故の発生を恐れるあまり，実物を用いた観察・実験がおろそかになっているようにも思えます。
　あるいは，ICTの発達によって手軽に利用できるデジタルコンテンツが増え，やってもいない観察・実験を経験したような雰囲気にできてしまうことが原因なのでしょうか。
　いずれにせよ，観察・実験から遠ざかるかのような理科授業では，確かな学力が身につかなくなってしまうのではないか，と私たちは危惧しています。

　では，どうすれば観察・実験を授業にきちんと位置づけ，生徒に確かな学力を保障できるのでしょう。その大きなポイントになるのが，本書で扱うテーマ，「理科室経営（マネジメント）」です。
　私たち理科教師は，何よりも，理科室での業務や授業を大切にしなければなりません。普段から使いやすく理科室を整備し，生徒の興味・関心を高める観察・実験を位置づけた授業を行えば，着実に生徒の学力を高めることができるはずです。その具体的な方法やアイデアを紹介するのが本書です。

本書は，次のような6章で構成されています。

　1章は，本書の理論に当たる部分です。「環境の整備」「カリキュラム・マネジメント」「危機管理」という3つの視点から，理科室をいかに管理・運営すればよいのかについて述べています。2章以下では，具体的な方法やアイデアを紹介していますが，それらの事例一つひとつの背景にある考え方を，この1章で理解していただきたいと思います。

　次の2章では，安全に配慮した理科室管理の工夫やアイデアを具体的に示しています。

　さらに3章では，生徒に必ず身につけさせたい基本的な器具操作の指導について，図解を交えながらわかりやすく示しています。

　また4章では，事故が起きやすい観察・実験を取り上げ，私たちがこれまで実践を通して得た事故防止の方法を具体的に示しています。

　5，6章は，ある意味で本書のハイライトとも言える部分です。生徒がもっと理科好きになるような理科室の学習環境づくりのアイデアや，あると必ず役に立つ観察・実験器具やその周辺の道具をたくさん紹介しています。

　すでに教壇に立っている中学校理科の先生はもちろん，支援員や指導助手の役割を担う方々，これから教師を目指している方々にも参考にしていただければ幸いです。

　最後になりましたが，この書を出版するにあたって，明治図書出版の矢口郁雄氏には絶大なるご尽力と励ましをいただきました。氏の助言があったからこそ本書が出版できたといっても過言ではありません。ここに改めて厚く御礼を申し上げる次第です。

2016年6月

山口　晃弘

※本書で紹介されている観察，実験を行う際は，安全に十分配慮してください。
　また本書では，その危険性を伝えるために，やってはならない実験の例を一部で紹介していますが，これらは絶対に真似しないでください。

Contents

はじめに

1章 3つの視点で考える 理科室マネジメントの基礎・基本

1 環境の整備
- ❶観察・実験器具の管理 ……………………………………………… 9
- ❷周辺の整備 ………………………………………………………… 10
- ❸準備室の管理 ……………………………………………………… 12
- ❹掲示板，展示コーナーづくり …………………………………… 13

2 カリキュラム・マネジメント
- ❶年間の指導計画作成 ……………………………………………… 15
- ❷単元の指導計画作成 ……………………………………………… 17
- ❸観察・実験の計画と準備 ………………………………………… 17
- ❹評価計画の作成 …………………………………………………… 18
- ❺CAPDで行うカリキュラム・マネジメント …………………… 19
- ❻カリキュラム・マネジメントを通しての協働 ………………… 19
- ❼その他の準備 ……………………………………………………… 20

3 危機管理
- ❶万一の事態への備え ……………………………………………… 21
- ❷ルールづくり ……………………………………………………… 21
- ❸事前調査・予備実験の実施 ……………………………………… 22
- ❹器具の整備や薬品の整理整頓 …………………………………… 22
- ❺廃棄物の処理 ……………………………………………………… 22

2章 これだけは徹底したい！ 安全に配慮した理科室の管理

- ❶きまり―生徒の好奇心と危険はとなり合わせ ………………… 24
- ❷薬品の管理①―使用頻度や溶液の性質に合わせて管理しよう！ …… 26
- ❸薬品の管理②―帳簿をつくって厳重に管理しよう！ ………… 28

❹薬品の管理③―危険物は類ごとに保管しよう！ ………………………………………30
❺溶液の調整①―保存の利便性まで考えて調整しよう！ ……………………………32
❻溶液の調整②―溶液の性質をつかんで調整しよう！ ………………………………34
❼器具の管理―生徒の自主性に任せつつ要所は教師がチェックしよう！ …………36
❽廃液の処理―再利用も視野に入れて回収，処理しよう！ …………………………38

3章 これだけは身につけさせたい！基本的な器具操作の指導

❶ばねばかり―向きに注意して調整しよう！ …………………………………………42
❷マッチ―生徒の実態を踏まえて指導を工夫しよう！ ………………………………44
❸試験管―ポイントになることをしっかり指導しよう！ ……………………………46
❹ガスバーナー―評価の仕方を工夫しよう！ …………………………………………48
❺電気分解装置―操作が簡単でも練習はしっかり！ …………………………………50
❻電流計，電圧計，検流計―器具の破損を未然に防ごう！ …………………………52
❼記録タイマー―実験のコツを押さえよう！ …………………………………………54
❽天体望遠鏡―目的や扱いやすさを検討しよう！ ……………………………………56

4章 これだけは注意したい！事故が起きやすい観察・実験の指導

❶レーザーポインター―予期せぬ事態も考慮しよう！ ………………………………60
❷誘導コイル―電気，磁気に注意しよう！ ……………………………………………62
❸酸素の発生―定番の実験だからこそ注意しよう！ …………………………………64
❹水素の発生―事故の原因をしっかり理解しよう！ …………………………………66
❺エタノールの沸点の測定―よく使う溶液だからこそ危険性をしっかり理解しよう！ …68
❻動物の解剖―生命を大切に扱う姿勢を忘れずに！ …………………………………70
❼野外観察―安全面への配慮も周到に！ ………………………………………………72

5章 生徒をもっと理科好きに！学習環境づくりのアイデア

❶動物の飼育―ちょっとした工夫で管理も楽々！ ……………………………………76

❷動物の解剖―実態に応じた教材選びをしよう！ ……………………… 78
❸百葉箱―身近な気象を実感させよう！ …………………………… 80
❹生徒の作品の掲示―選び方や掲示方法を工夫しよう！ ……………… 82
❺展示物―生きた展示をつくろう！ ………………………………… 84
❻机の配置―主体的・能動的な学びを促そう！ ……………………… 86
❼グループ編成―生徒の学び合う力を引き出そう！ …………………… 88
❽黒板―生徒に考えさせる板書を目指そう！ ………………………… 90
❾教卓―演示実験は安全かつ印象的に！ …………………………… 92
❿天体観望会―理科好きを増やす楽しいイベントに！ ………………… 94

6章 これは使える！観察・実験の便利アイテム

❶液体窒素―危険性を熟知して演示実験に活用しよう！ ……………… 98
❷ドライアイス―安全に配慮して状態変化を調べよう！ ……………… 100
❸加熱器具―目的や用途で使い分けよう！ ………………………… 102
❹簡易真空ポンプ―手軽に減圧状態を体感させよう！ ……………… 104
❺点眼びん―リーズナブルなアイテムを活用しよう！ ………………… 106
❻石灰水採水びん―コストを意識してアイテムを選ぼう！ …………… 108
❼火山灰―園芸用土を活用しよう！ ………………………………… 110
❽教訓茶碗―本物で原理を体験させよう！ ………………………… 112
❾ポータブル・スピーカー―身の回りのもので音楽を奏でよう！ ……… 114
❿気泡緩衝材―プチプチで浮沈子をつくろう！ ……………………… 116
⓫凸レンズと厚紙―意外な結果で生徒にゆさぶりをかけよう！ ……… 118
⓬おもちゃのばね―縦波，横波の違いを視覚化しよう！ ……………… 120
⓭コルクボーラー―必要なゴム栓を自前でつくろう！ ………………… 122
⓮ガラス管①―I字管やL字管を自作してみよう！ ………………… 124
⓯ガラス管②―I字管やL字管を自作してみよう！ ………………… 126
⓰デジタル顕微鏡―長所を生かして協働学習を活性化しよう！ ……… 128
⓱書画カメラ―機能を生かして授業の幅を広げよう！ ……………… 130
⓲高速スキャナー―機能を生かして仕事を効率化しよう！ …………… 132

1章 3つの視点で考える
理科室マネジメントの基礎・基本

1　環境の整備

　理科室・準備室の環境整備には，2つの視点があります。
　1つは，普通教室よりも観察・実験が行いやすく，使いやすい，という視点です。これは，授業者である教師側から見て大切なことです。
　もう1つは，より主体的に学習が行えたり，そこにある標本や書籍，掲示物が学習に役立ったりする，ということです。これは，学習者である生徒側から見て大切なことです。
　この2つの視点を踏まえ，理科室・準備室の機能を，教師にとって使いやすいこと（タテ糸）と生徒にとって学びやすいこと（ヨコ糸）に分けて，それらをタテ・ヨコに交差させ，相互を有機的に連動させることによって，効果的な環境整備が可能になります。もちろん，いかなる場合も安全性が確保されるということが大前提になります。

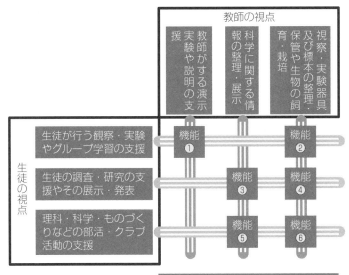

中学校には通常2つの理科室と1つの準備室があります。ここからは，物理・化学実験室，生物・地学実験室，準備室の3つを想定して，理科室・準備室の環境整備について考えていきます。

❶観察・実験器具の管理

⑴実験でよく使う器具　　　　　　　　　　　　　　機能①②④⑥

　生徒が実験でよく使う器具は，生徒が自ら用意したり，片づけたりできるようにします。生徒にとっては主体的に観察・実験の準備や片づけができ，教師にとっては時間短縮になります。

物理・化学実験室で共用の観察・実験器具
●ビーカー（50mL，100mL，200mL，300mL，500mL）
●試験管（内径16.5mm，18mm，21mm），試験管ばさみ，試験管立て
●丸底フラスコ，三角フラスコ，シャーレ
●ガラス棒，ガラス管，ゴム管，シリコン管，ゴム栓，シリコン栓
●ガスバーナー，ステンレス網，三脚，燃え差し入れ
●スポイト，駒込ピペット，ゴム球，メスシリンダー，ピンセット
●棒温度計
●薬さじ，薬包紙，リトマス紙，万能試験紙，塩化コバルト紙
●水そう，洗い矢

　あわせて，文房具も一通りそろえておきます。100円ショップで売っているような小型コンテナに入れるか，中が見える小さい引き出しなどで管理します。

あると便利な共用の文房具
のり，はさみ，カッター，定規，分度器，コンパス，セロハンテープ，色鉛筆，油性ペン

1章　3つの視点で考える 理科室マネジメントの基礎・基本

(2) 顕微鏡，電流計・電圧計や電源装置　　　　　　　　　　機能②④

　顕微鏡の出し入れはすべて生徒が行うことを念頭に，持ち出しと返却ルートを決めて，出し入れしやすい位置にラックを設置します。1台ずつ番号をつけて，ラック（ラック側にも顕微鏡に合わせて番号をつけておく）へ保管用の木箱から出した状態で収めておきます。
　接眼レンズには，フィルムケースをかぶせておくとよいでしょう。
　顕微鏡が落下しないようにゴムのベルトをラックにつけておきましょう。
　ちなみに，顕微鏡は本体だけを「箱なし」で購入することができ，その方が安価です。ラックにしまうのであれば，木箱は不要です。ただし，教室での授業や修理等で持ち運ぶために2～3個の箱は必要です。

　同様に，電流計・電圧計や電源装置は実験室内にガラスの備品棚を設置して，生徒に出し入れさせるようにします。

(3) 物理・化学実験キット　　　　　　　　　　　　　　　　機能①②

　電気分解などの定番の実験では，必要な簡易電解槽や電極などの器具を実験班の数（予備も追加しておく）そろえて中が透けて見えるケースに入れて実験キットをつくります。実験室内のスチールラックへ置き，簡単に取り出して片づけることができるように整備すると便利です。

❷周辺の整備

(1) 流し台まわり　　　　　　　　　　　　　　　　　　　　機能①②

　実験室の流し近くに洗った試験管の水切りカゴ，乾燥機，実験スタンド，

ろうと台等を置きます。生徒は実験で使用した試験管やビーカーを洗浄後に水切りカゴへ入れ，棚に戻すのは教師の役割とします。戻すときに破損や汚れを教師の目で確認したいからです。戻すところまで生徒に任せてしまうと，不良な器具があっても気づくことができません。教師が点検して破損しているものは交換し，十分に汚れが落ちていないものは教師が再度洗浄します。

(2) 生物飼育水槽　　　　　　　　　　　　　　　　　　　機能①②

　生物を飼育する水槽があると，生物・地学実験室の雰囲気は大きく変わります。例えば，エアレーションしている水槽が1つでもあると「何か生き物がいるのかな？」と生徒はのぞき込むでしょう。こうしたことがきっかけになり，理科の学習への関心が高まることもあります。

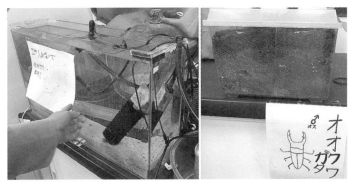

(3) 科学書棚　　　　　　　　　　　　　　　　　　　機能③⑤

　理科室は，科学図書室でもあります。校庭の植物を調べる図鑑，岩石・鉱物図鑑，写真資料集，科学事典，実験書，読み物，科学雑誌等を置いて，調べ学習に対応できるようにします。図鑑や事典は実験グループの数だ

けあると便利です。雑誌の特集記事を分野別にスクラップし，ファイルしておくと自由研究にも役立ちます。

(4) **教卓** 　　　　　　　　　　　　　　　　　　　　　　　機能①

　手元で実験を見せることができるように，プロジェクタ，電子教科書が使えるパソコンやタブレット，書画カメラを教卓に設置します。電源さえ入れればすぐに投影できるようにします。

　さらに，遮光ができる暗幕を設置し，光の実験や月や金星の満ち欠けの実験，ビデオ教材の鑑賞などを行う場合に利用します。

❸準備室の管理

　準備室の役割は，主に「実験材料や器具の管理」「試薬の保管」「資料の保管」「試薬調整と予備実験」の4つです。危険な薬品や重要な実験器具，壊れやすい精密機械などがあるので，原則的に生徒は立ち入らないよう準備室のルールを確立します。生徒の指導は，それが個別指導であっても準備室では行わないようにします。

(1) **実験材料や器具の管理** 　　　　　　　　　　　　　　　　機能②

　デュワーびん，真空ポンプ，誘導コイルなど使用頻度の少ない器具や力学台や光学台のように長く大きな機器を，中が見えるガラス棚やスチール製ラックなどに収納します。また，電球やソケット，抵抗等の細かい部品は，中の見える引き出しなどに収納して整理するようにします。生物教材保管のための冷蔵庫も必要です。

(2) **試薬の保管** 　　　　　　　　　　　　　　　　　　　　　機能②

　薬品庫はカギのかかるものを用意します。

(3)**資料(生徒作品,理科年表,実験書,標本など)の保管**　　　機能②③

　スケッチ,レポート,ノート類は,整理しやすく,出し入れしやすいように,プラスチック製の買い物かご,または収納ボックスに入れて,スチール棚へ置きます。

　レポート類は一括してスキャンし,PDF化して保管・整理したり,よい作品はパウチして掲示できるようにしておくとよいでしょう。

(4)**試薬調整と予備実験**　　　機能①

　準備室の役割は,保管だけではありません。試薬調整や予備実験を行う場でもあります。

　予備実験では実験器具等がスペースを占めることも多いはずです。ですので,いつも整理整頓されている準備室がよいものであるとは限りません。やりかけの実験器具が置いてあるぐらいが普通だと考えた方がよいでしょう。

❹掲示板,展示コーナーづくり

　掲示板や展示コーナーがあると,生徒の学習の成果を周知したり,授業で学習した内容を深めたりすることができ,結果として生徒の理科への興味・関心を高めることができます。作品をただ並べて貼るのではなく,目立つ位置にタイトルや説明を工夫して掲示すると,見栄えがぐんとよくなります。

(1)**生徒の作品**　　　機能③⑤

　まず,授業で書かせた簡単な植物のスケッチから始めるとよいでしょう。特徴をよくとらえているものを数点掲示すると,次の授業ではそれを参考により優れたスケッチが出てきます。

　次に,夏休みの自由研究として,再び動植物のスケッチを課し,時間をかけて精密に点で濃淡を表すスケッチをさせます。

さらに，生徒たちが自ら調べたことをＡ４判やＢ４判の用紙１枚（縦）に題名（見出し）や図表を交えて説明する「壁新聞」も掲示板向きです。テーマを決めないというのも１つの手ですが，「周期表」「架空の植物」「環境問題」「科学の歴史」「家庭でできる実験」など，テーマを決めて選択授業，

または長期休業中の宿題などでつくらせるのもよいでしょう。
　レポートは，書き方を授業の中で指導しますが，掲示板に見本を掲示し，それを見させるとより効果的です。見本は，前年度の生徒作品のうちよいものから選びます。なお，生徒作品はカラーコピーをしたもの（実物は本人に返却します）にパウチを施してから掲示します。また，数ページあるレポートをそのまま貼っても見てもらえないので，一覧できるように模造紙に広げて貼ります。掲示期間が終了した後，ファイリングして整理しておくと，次のシーズンの掲示物として再活用することもできます。

(2) 理科にかかわるインフォメーション　　　　　　　　　機能③⑤

　テレビや新聞，雑誌，インターネットなどを通して，実にたくさんの理科関連の情報が発信されています。その情報を整理し，必要なものを選択して生徒に与えたいものです。例えば，新聞記事や雑誌の切り抜きを拡大して掲示します。台紙の判型をそろえて掲示すると，統一感が出ます。
　また，博物館や科学館の特別展や月例の実験講座，見学会の案内などを掲示するのもよいでしょう。

2 カリキュラム・マネジメント

　生徒指導，保護者対応，成績処理，事務処理…などなど，教師の仕事は多様です。しかし，その中で最も大切なのは，やはり授業です。

　ただし，授業といっても，50分間の授業そのものだけではありません。授業前の準備から授業後の評価までの一環でとらえる必要があり，さらにそれらを一年間通してどのように運用していくかという「カリキュラム・マネジメント」の視点が大切になります。

　このカリキュラム・マネジメントは，教科運営，ひいては理科室の運営にも不可欠の視点です。

❶年間の指導計画作成

　年度はじめに自分が担当する学年・学級が決まったら，さっそく年間指導計画を作成しましょう。一年間でどの単元（学習のまとまり）を，何月ごろに指導するか，大まかな計画を立てます。

　学習指導要領では，中学校理科の指導計画の作成にあたって配慮すべきことが，以下のように示されています。

> 　各学年においては，年間を通して，各分野におよそ同程度の授業時数を配当すること。その際，各分野間及び各項目間の関連を十分考慮して，各分野の特徴的な見方や考え方が互いに補い合って育成されるようにすること。

　また，年間指導計画には，単元名と時間数，指導内容を羅列するだけでなく，個々の教師の工夫や主張を明確に表したいものです。

「毎時間，少なくとも1回は観察・実験を取り入れる」
「問題解決の場面を重視する」
「小学校で身につけた資質・能力の上に，中学校で育成すべき資質・能力を，3つの柱に沿って明確化する」
「アクティブ・ラーニングを意識して，話し合い活動を取り入れる」
など，指導の重点を明らかにするとよいでしょう。教師の授業スキルや生徒の実態を踏まえたうえで，何を重点にするべきか考えてみましょう。

また，現在の学習指導要領では，同じ学年であれば単元を入れ替えてもよいことになっているので，地域や環境の特性，学校の事情など様々な条件に合わせて柔軟に考えたいところです。

以下は，考慮したい条件の例です。

- 植物の開花時期（例えば，1年では，3時間×35週＝105時間の授業を一年間で行います。最初の4分の1の26時間で植物の単元を指導するならば，4月の第2週から始めて6月の上旬に終わるので，アブラナやツツジの花を観察することが可能）
- 気温や湿度（化学実験や気象，静電気の実験）
- 運動会や文化祭，移動教室などの学校行事
- 継続的な観察（単元の間などに必要な時数を確保する）
- 理科の教員数や受け持ち
- 校舎の移転・改修

もちろん，教科書の単元配列通りに指導してもよいわけですが，教科書の単元配列自体が会社によって若干異なることも知っておきましょう。

以上のような点を踏まえ，月ごとのおよその指導計画を一覧表にして作成します。書式は各学校で定められたものがあるので，教務主任や理科主任に確認しておきます。

❷単元の指導計画作成

次に,単元の指導計画を作成します。

1年なら,理科の学習のガイダンス,観察の基本的なスキルを指導した後,植物の花のつくりの観察から始めるのが一般的です。これは,教科書とその指導書を十分に参考にして,計画を立てるとよいでしょう。しかし,年度の最初には学校生活に関するオリエンテーションや学校行事,健康診断など,様々な活動で時間割通りの授業は確保できないことがあります。そこで,年間行事予定表や月行事予定表を確認しながら,実際に指導できる時数に合わせて計画を調整していくことになります。

このとき,単元の指導計画とともに,週ごとの指導計画,いわゆる「週案」を作成します。具体的に「いつ」「どの学級で」「どのような学習をさせるのか」「必要な器具や薬品は何か」を計画するものです。これは,計画後の変更を実際に行ったことに合わせて記録するものでもあります。行事予定表の内容や個人の出張や研修の予定なども書き込んで,スケジュールの管理にも使えます。不幸にも事故が起こったとき「あらかじめ事故防止を計画した証拠書類」の一部にもなります。これも書式が各学校で定められているので,教務主任や理科主任に確認しておきましょう。

❸観察・実験の計画と準備

理科の授業では,観察・実験が重要です。観察・実験を充実させ,安全で,学習効果の高いものにするには,その事前準備が重要になります。

(1)観察・実験器具や試薬・材料の確保

観察・実験に必要な器具や試薬・材料を確保するには,理科室や準備室をよく確認して保管されている場所を調べ,ないものや不足しているものは購入する必要があります。

保管場所や購入方法については，他の理科担当の教員と情報を共有しておきます。そうすると，意外なところに収納されていたり，同時期に同じ器具の購入予定があったりすることがよくあります。また，生徒実験か演示実験かによっても使用する試薬・材料の量は違ってくるので，細かなところまで確認したいところです。

(2)**予備実験の実施**

　予備実験は，教師自身が毎回必ず行う必要があります。去年の授業で同じ実験をやっていたとしても，今年もまた同じ予備実験を行います。
　予備実験のねらいは，まずは安全性の確認です。しかし，ねらいは他にもあります。例えば，生徒が失敗しやすいポイント，観察・実験でもたせたい視点の発見などです。また，予備実験を単元の最初にまとめて行い，計画の見直しに役立てることもできます。

❹評価計画の作成

　過去には，定期テストだけが評価材料となっていた時代がありました。しかし現在，定期テストは評価材料の一部に過ぎません。レポートやノート，作品，パフォーマンステストなど，様々な材料を総合して評価を決定します。
　そして，「関心・意欲・態度」「科学的思考」「技能・表現」「知識・理解」の４つの観点をバランスよく評価することが求められています。その具体的な方法を，学習を始める前に決めておきます。場合によっては事前に生徒や保護者にその評価情報を公開・説明することも行います。これは評価に関する約束事を示すという意味もありますが，生徒が学習に取り組むうえでの具体的な指針を示すという意味もあります。

❺ CAPDで行うカリキュラム・マネジメント

カリキュラム・マネジメントを行ううえで，重要な考え方があります。

> P…Plan ＝計画　　D…Do ＝実行
> C…Check ＝評価　　A…Action ＝改善

年度はじめに Plan ＝計画を行い，その後 Do ＝実行，Check ＝評価，最後に Action ＝改善，という PDCA のサイクルが一般的です。

しかし理科では，PDCA の順ではなく，CAPD の順の方がふさわしいという見方もできます。

例えば，小学校で観察・実験をあまりやっておらず，観察・実験の基礎技能が十分身についていない1年生が多い，という現状があるとします。これを Check ＝評価し，「観察・実験の機会を増やす」という授業改善の視点を持ち込んで，Action ＝改善します。生徒にとってはじめて取り扱う観察・実験器具は習熟のためにしっかり取り組ませます。また，教科書に記載された観察，実験だけでなく，それ以外の観察・実験にも取り組ませます。これらの結果が次年度の Plan ＝計画に生かされ，それが Do ＝実行されていくというわけです。この場合，Plan ＝計画は前年度中に少しずつ考えられ，前年度末に完成していることになります。この方が理科の教師の創造性や主体性を発揮しやすいのではないでしょうか。

❻ カリキュラム・マネジメントを通しての協働

教科の目標の実現に向け，教員の授業スキルや生徒の実態を踏まえて，カリキュラム・マネジメントを行っていくわけですが，前項のような一連のサイクルを，学校（教科）として計画的・組織的に推進していく必要があります。理科の教師集団を1つのチームに見立て，その協働の核をカリキュラム

に求めるイメージです。

　そして，カリキュラムを検討することを通して，学校の理科の授業力を向上させることができるようになることを目指したいものです。

❼その他の準備

　教科での協働という点についていうと，他の教師の授業を参観することも大切です。経験豊かな教師は，副教材の選定と活用，板書計画，ノートの使い方，座席配置，安全確保…などなど様々なノウハウをもっています。授業を積極的に参観したり，教えを乞うことで，そういったノウハウを学び取っていくことも重要です。

　また，近隣の学校の研究会や研修会に足を運び，そこで学んだことを自校にフィードバックするという考え方も大切です。

3 危機管理

　近年の学校事故に対する危機意識の高まりの影響か，事故の発生を心配するあまり，授業で観察・実験を行わず，ICT機器による模擬的な観察・実験や板書による図示・説明にとどめる学校が少なくないと聞きます。しかし，これでは理科の学力は身につきません。むしろ，積極的に観察・実験を行うことで安全な方法を体得させ，危険を認識し回避する力を養うべきです。

　まずは，事故の防止について，指導計画などの検討を行います。生徒の実験技能の習熟度を把握したうえで，予備実験を通して無理のない観察・実験を選ぶことや，学習の目標や内容に照らして効果的で安全性の高い観察・実験の方法を選ぶことが大切です。そのうえで，以下の点に留意しましょう。

❶万一の事態への備え

　観察・実験器具の整備点検を日頃から行うことは当然として，生徒の怪我に備えて救急箱を用意したり，防火対策として消火器や水を入れたバケツを用意したりしておきます。また，負傷者への応急処置や医師への連絡，他の生徒への指導など，組織的な対応の準備も必要です。軽い火傷やガラス器具による切り傷など軽微な事故であっても，管理職・養護教諭には迷わず報告します。当然，保護者への連絡も忘れてはいけません。

❷ルールづくり

　「器具の操作は机上を整頓して行う」「保護眼鏡を着用する」「余った薬品は返却する」「試験管やビーカーを割ったときは教師に報告し，ガラスの破片などをきれいに片づける」「観察・実験終了時には，使用した器具類に薬

品が残っていないようにきれいに洗い，最後に手を洗う」

こういった理科室を使用する際のルールを，授業を通して徹底させます。

❸事前調査・予備実験の実施

事前調査や予備実験を行うことで危険性を把握します。実験・観察そのものの危険性だけでなく，集団で野外観察を行う，グループで実験を行うなど，場面や学習形態に伴う危険要素の検討も重要です。

❹器具の整備や薬品の整理整頓

学校における一般の業務と同様に，器具や薬品の管理も，組織的・計画的に行います。特に薬品の扱いについては，その薬品がもつ性質（爆発性，引火性，毒性などの危険性）を十分調べたうえで取り扱いましょう。

まず管理責任者を決めます。そして，購入，薬品庫のかぎの保管，点検，廃棄などに分けて，複数の教師で組織的に管理に当たります。盗難防止や漏洩防止などの観点からかぎの管理の徹底は当然です。それだけでなく，薬品管理簿を通して薬品の保管量等を常時把握することが重要となります。

❺廃棄物の処理

実験で使用した薬品は必ず回収します。

使用済みの薬品が廃棄物として処理されることを周知すれば，資源の有効利用や環境保全についての有効な学習機会になります。有毒な薬品やそれらを含む廃棄物の処理には，いくつかの法令による定めがあるので，それに従って処理しましょう。

2章 これだけは徹底したい！
安全に配慮した理科室の管理

2章 これだけは徹底したい！ 安全に配慮した理科室の管理

きまり

生徒の好奇心と危険はとなり合わせ

　理科室は普通教室とは環境が異なります。いい加減な気持ちでふざけていると，思わぬ事故を生むことがあります。そういった事態を未然に防ぐために，日ごろから理科室のきまりを生徒にしっかりと意識させておきたいものです。

1 安全にかかわる事柄を中心に

　普通教室でも走ったりふざけたりは望ましくありませんが，理科室ではなおさらです。
　授業中はもちろん，休み時間も含めて意識させ，理科室に入ったときには，適度な緊張感をもたせたいものです。

2 生徒の好奇心に応える姿勢も大切

　好奇心が旺盛な中学生なら，目新しいものに触ってみたい，いろいろ試してみたいと思うのは当然のことです。むしろ，こうした好奇心がなければ，理科の授業そのものが成り立ちません。また，日ごろから教師が危険なものは放置しないことが大切ですが，授業の前後ではそうもいきません。
　そこできまりが必要になるわけですが，ただ一方的に禁止するだけではなく，普段から生徒の好奇心に応える姿勢も大切です。安全な状況下で実物や模型に触らせたり，試させたりすることは，可能な範囲で実現させたいものです。

ビジュアル解説！

理科室の約束

- 理科室の中では落ち着いて行動しよう

- 器具や薬品などに勝手に触らず、使用したいときは相談しよう。

- 指示されていない方法では実験せず、試したい方法があるときは相談しよう。

- 器具などを破損した場合はすぐに報告しよう。

禁止事項を並べ立てるのではなく，望ましい行動で約束事を示した掲示物

2章 これだけは徹底したい！ 安全に配慮した理科室の管理

薬品の管理①

使用頻度や溶液の性質に合わせて管理しよう！

あらかじめ用意してもよい試薬は，調整し，班の数に小分けして保存しておくと便利です。このように，試薬の管理は，使用頻度や溶液の性質に合わせて行いたいものです。

以下は理科室に常備しておきたい試薬の一覧です。

分類	試薬名
酸	**塩酸**劇，**硝酸**劇，**硫酸**劇，酢酸，クエン酸
アルカリ	**水酸化ナトリウム**劇，水酸化カリウム劇，**水酸化カルシウム**（石灰水），水酸化バリウム八水和物（不溶性塩），**アンモニア水**劇
塩	**塩化ナトリウム**，塩化カルシウム六水和物（質量保存），塩化銅（Ⅱ）二水和物劇（電気分解・イオン電気泳動），**カリミョウバン**（溶解度），ヨウ化カリウム（ヨウ素ヨウ化カリウム溶液），**塩化アンモニウム**（アンモニア生成），硫酸銅五水和物劇（溶解度），硫酸ナトリウム十水和物（溶解度），**炭酸水素ナトリウム**，**炭酸ナトリウム**（不溶性塩），**炭酸カルシウム**（大理石・石灰石），**硝酸銀**劇（塩素検出），**硝酸カリウム**（溶解度）
酸化物など	酸化銀，**過酸化水素水**劇，**二酸化マンガン**（粒状），酸化銅（Ⅱ）（還元）
単体（金属）	**亜鉛**（華状・粒状・板），**銅**（粉末・板），**アルミニウムはく**，**スチールウール**（質量保存），**鉄**（粒状），**マグネシウム**（削り状・リボン）
単体（非金属）	**ヨウ素**劇（ヨウ素ヨウ化カリウム溶液，昇華），**酸素**（缶），二酸化炭素（缶），**水素**（缶）窒素（缶），**硫黄**（粉末），活性炭（粒状，粉末），**炭素**（木炭・粉末），備長炭
有機試薬	**エタノール**，メタノール劇，**デンプン**（可溶性，かたくり粉），**小麦粉**，ブドウ糖，砂糖，グラニュー糖，ブラウンシュガー（水への溶解），ジアスターゼ（デンプンの消化），ろう（パラフィン），パルミチン酸（融点），<u>メントール</u>（融点），食酢，ブタン（状態変化）（缶），クエン酸
指示薬など	赤インク（万年筆用水性），フェノールフタレイン，リトマス紙，塩化コバルト紙（水の検出），BTB，万能試験紙，ヨウ素ヨウ化カリウム溶液，酢酸カーミン溶液，酢酸オルセイン溶液，ベネジクト液（糖の検出）

太字…特に常備しておきたい試薬　　劇…劇物　　<u>下線</u>…冷蔵庫保存

ビジュアル解説！

よく使用する水溶液は調整して保存します

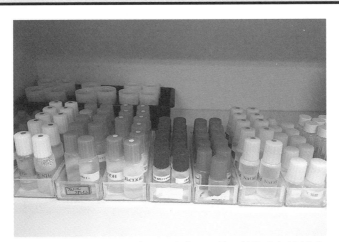

　アルカリ性の溶液はガラス製の容器を腐食し，栓の擦り合わせがくっついてとれなくなってしまいます。
　上の写真のように点眼ビンを使うと便利です。

アルカリ性の溶液の保存にガラス栓は厳禁！

2章 これだけは徹底したい! 安全に配慮した理科室の管理

薬品の管理②

帳簿をつくって厳重に管理しよう!

　理科室では多くの薬品を扱います。火災や盗難などの事故を防止するためにも,きちんと管理する必要があります。

1 帳簿をつくって厳重に管理

　薬品類,特に毒物・劇物などはきちんと帳簿をつくって,どれぐらいの量があるのかを記録しておきましょう。これは火災や盗難の防止に役立つだけでなく,使いたいときになってはじめて薬品がないことに気づいたり,すでにある薬品を注文してしまったりすることを防ぐことにもつながります。パソコンで薬品を管理するソフトウエアもあります。

　薬品の購入・使用・廃棄のときには必ず記録し,数量と管理簿の照合や毒劇物が適正に使用されたかどうかの確認を定期的に行いましょう。

2 薬品庫を固定する

　薬品庫は,準備室など施錠のできる,普段は生徒が立ち入らない場所に設置します。また,直射日光を避け,火気厳禁とし,換気(通気)をよくしておきます。

　そして,間仕切りなどで薬品が転倒落下しないような措置をしておくとともに,薬品庫自体も倒れないように建築物の壁,床,柱などに固定しておきます。

ビジュアル解説！

薬品管理簿

保管場所	A-4
薬品名	塩酸　HCl
取り扱い	劇物　揮発性, 強酸性, 腐食性, 有毒

年・月・日	摘　要	重　量 受入	重　量 払出	重　量 残量	担当者	備　考 (容器数等)
25・4・2	1本購入	850		850		1本
25・6・6	2年実験		125	725		
25・7・10	3年実験		240	485		

　保管場所, 薬品名（化学式）, 取り扱い上の注意事項, 取得・使用年月日, 使用目的, 使用量及び残量, 使用者（担当者）等を記録します。

薬品管理簿の例

薬品庫は鍵のかかる棚を使用し, 金具などで壁や床に固定します

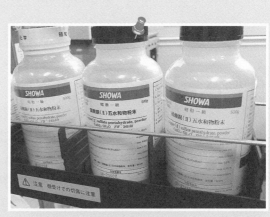

間仕切りで薬品が転倒落下しないようにします

2章　これだけは徹底したい！ 安全に配慮した理科室の管理

2章 これだけは徹底したい！ 安全に配慮した理科室の管理

薬品の管理③

危険物は類ごとに保管しよう！

　薬品を管理する際には，その性質をしっかり把握し，薬品の性質に応じて安全に保管する必要があります。

1 薬品ごとの注意事項を押さえる

　薬品類を購入したときに，業者からSDS（Safety Data Sheet：安全データシート）が提供されます。SDSには，物理的・化学的性質や有害性情報のほか，取扱い及び保管上の注意などが記されています。もちろん，それを見れば医薬用外毒物・劇物や危険物であるかなども確認できます。
　これをファイルして，いつでも見られるようにしておくとよいでしょう。

2 危険物は類ごとに保管する

　SDSなどに記載されている薬品の性質や取扱い及び保管上の注意などの情報を参考にしながら，薬品を分類します。まず，医薬用外毒物・劇物は別に保管し， 医薬用外劇物 等の表示をします。
　さらに危険物は，危険性の特徴により第1類から第6類に分かれていますので，保管するときも類ごとに分けておく必要があります。
　また，混合発火のおそれのある薬品は，離れた位置に収納する必要があります。

ビジュアル解説！

可燃性　　支燃性・酸化性物質　　爆発物　　高圧ガス　　腐食性物質

急性毒性　　経口・吸飲による　　急性毒性　　水生環境有害性
（高毒性）　　有害性　　　　　　（低毒性）

　試薬類などの化学品の危険有害性は，GHS（化学品の分類および表示に関する世界調和システム）により世界的に統一された分類があります。危険有害性の特徴は絵表示（ピクトグラム）等で示されています。

GHSのピクトグラム

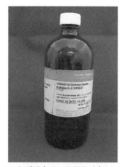 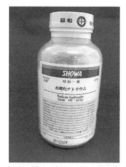 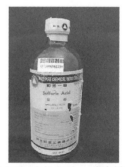

　ヨウ素液やBTB液は，日光などの光によって変質してしまうため，遮光性の着色びんに入れたり，黒い袋に入れたりして保存します。また，水酸化ナトリウムは，ガラスを腐食するため，ポリエチレン等の容器に入っていますが，硫酸はポリエチレンなどを腐食するため，ガラスの容器に入っています。希釈して小分けにするときも，購入時の容器と同じ材質の容器に入れます。

容器の種類

2章 これだけは徹底したい！ 安全に配慮した理科室の管理

溶液の調整①

保存の利便性まで考えて調整しよう！

　濃い濃度の溶液で行うと危険な実験があります。また，環境にも配慮して，適した濃度にしたいところです。

　調整した溶液は，ポリエチレンのびんなどで保存し，小分けにして用いると便利です。

1 溶液の濃度の表し方

　質量パーセント濃度は，溶液全体に対する溶質の質量の割合を％で表したものです。10％の水酸化ナトリウム水溶液では，90ｇの水に10ｇの水酸化ナトリウムが溶けています。

$$質量パーセント濃度[\%] = \frac{溶質の質量[g]}{溶液の質量[g]} \times 100$$

2 溶液の薄め方（10％水溶液を1％水溶液に）

10％の水溶液10cm³に水を加えて100cm³とします

10倍希釈
1容とって
10容とします

ビジュアル解説!

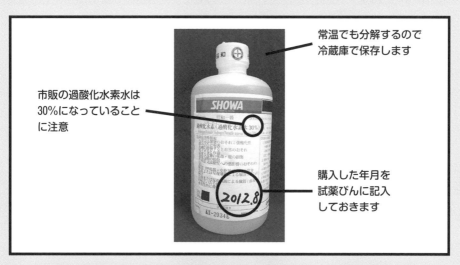

常温でも分解するので冷蔵庫で保存します

市販の過酸化水素水は30%になっていることに注意

購入した年月を試薬びんに記入しておきます

過酸化水素水は不純物の混入で分解するので、使用前に純水で希釈して用います

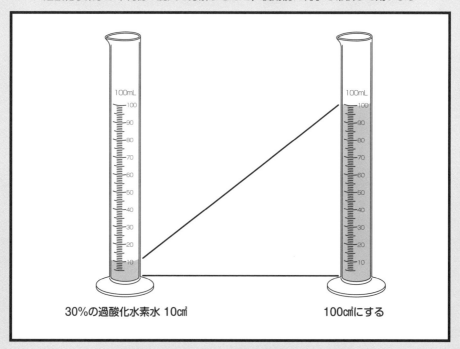

30%の過酸化水素水 10cm³　　　100cm³にする

30%過酸化水素水を3.0%に希釈(酸素の発生で使用)

2章 これだけは徹底したい! 安全に配慮した理科室の管理

2章 これだけは徹底したい！
安全に配慮した理科室の管理

溶液の調整②

溶液の性質をつかんで調整しよう！

ここでは，主な溶液の濃度の調整の方法を紹介します。

●2.5％水酸化ナトリウム水溶液（水の電気分解・中和など）

　水酸化ナトリウム（純度約96％）は潮解性があるので，希釈するビーカーで2.6g量りとります。純水97.5cm³を半量ほどビーカーに加え，溶解熱を利用してよく溶かしてから残りを加えます。水酸化ナトリウム水溶液は空気中の二酸化炭素と反応し，ガラスの試薬びんに保存するとすり合わせ部が固着し開かなくなるので注意しましょう。

●2.5％塩酸（水素の発生，電気分解，中和など）

　濃塩酸（約35％，密度1.18g／cm³）6.5cm³を純水100cm³に少しずつ，よくかき混ぜながら加えます（5％塩酸は，濃塩酸14.1cm³を純水100cm³に加えます）。濃塩酸は湿気のある空気中で発煙し，刺激臭のある塩化水素の気体を発生するので，換気がよい場所で取り扱うようにします。

●2.5％硫酸（水に溶けない塩）

　濃硫酸（約95％，密度1.83g／cm³）1.5cm³を純水100cm³に少しずつ，よくかき混ぜながら加えます。濃硫酸に少量の水を加えると激しく発熱し危険なので，必ず多量の水に濃硫酸をよくかき混ぜながら加えるようにします。

●2.5％アンモニア水

　市販のアンモニア水（約28％，密度0.9g／cm³）10.9cm³を純水100cm³に溶解させます。調整した水溶液は冷蔵庫中に保存します。

ビジュアル解説！

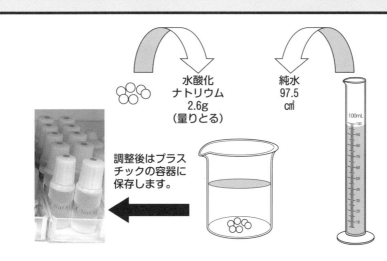

- 2.5％水酸化バリウム水溶液は、水酸化バリウム八水和物4.6gを純水95.4cm³に溶解させます。
- 2.5％水酸化カリウム水溶液は、水酸化カリウム（純度約86％）3.0gを純水99.3cm³に溶解させます。

2.5％水酸化ナトリウム水溶液の調整

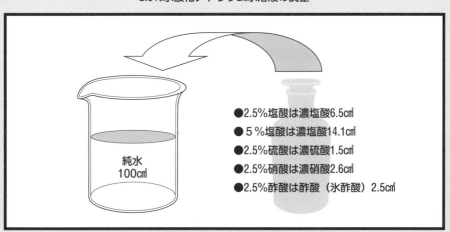

- 2.5％塩酸は濃塩酸6.5cm³
- 5％塩酸は濃塩酸14.1cm³
- 2.5％硫酸は濃硫酸1.5cm³
- 2.5％硝酸は濃硝酸2.6cm³
- 2.5％酢酸は酢酸（氷酢酸）2.5cm³

2.5％塩酸などの調整

2章 これだけは徹底したい！
安全に配慮した理科室の管理

器具の管理

生徒の自主性に任せつつ要所は教師がチェックしよう！

　観察・実験を自らの手で計画・実施していく力を育てていくためには，器具の準備や後片づけも生徒の手で進めさせる必要があります。ただし，器具は教師が管理し，段階的に指導する姿勢が大切です。

1　必要な器具を必要な数準備させる

　まず，観察・実験器具を教卓にまとめて置きます。その中から必要な器具を班で必要な個数だけ，生徒に準備させます。その際，破損していないかどうかのチェックも生徒にさせます。また，あわせて器具の洗浄や廃液の処理に関する指導も行います。

2　後片づけは授業時間内に

　観察・実験後，確実に器具を戻させるためには，チャイムが鳴った後ではなく，授業終了前に片づけの時間をきちんと確保し，ていねいに片づけさせることが大事です。
　ただし，返却時の器具の状態は教師がチェックし，必要に応じて洗い直しや修理を行う必要があります。観察・実験を行う際に危険なことの1つに，破損や不具合に気づかずに活動を始めてしまうことです。例えば，水切りかごから保管場所へ器具を移動させるときも，教師がチェックを行い，いつ生徒が観察・実験に使用してもよい状態で保管することが重要です。

ビジュアル解説！

ひと目でわかるように器具名や容量を表示します

水切りかごはゆとりをもって使えるように設置します

2章 これだけは徹底したい！安全に配慮した理科室の管理

2章 これだけは徹底したい！
安全に配慮した理科室の管理

廃液の処理

再利用も視野に入れて回収，処理しよう！

実験で出た廃液には，そのまま下水に流してはいけない物質が含まれていることがあります。そのため，実験の片づけの際に廃液を分別して回収することが大切です。

1 廃液は分別して回収，処理

廃液は，酸，アルカリ（重金属を含まない），重金属，有機溶媒（ハロゲンを含むものは別に溜める）等に分けて，別々の廃液タンクに回収します。

重金属などの有害物質が含まれていない酸，アルカリの水溶液は，pHが6〜8程度になるように試験紙などを用いて確かめながら中和して，多量の水で希釈して流すことができます。重金属は，蒸発乾固や沈殿などの処理も可能ですが，専門の処理業者に委託するのがよいでしょう。

毒物・劇物の含まれている廃液は，毒物・劇物の薬品と同様に管理する必要があります。

2 実験に再利用することも

結晶づくりに使ったミョウバンや硫酸銅の水溶液，電気分解に使った水酸化ナトリウム水溶液や塩化銅の水溶液などは，次に同じ実験をするときに再利用できます。他にも，塩化銅水溶液を電気分解する実験で出た廃液は，容器にまとめてほこりが入らないようにして自然放置すると結晶が析出してくるので，これをまた実験に使うことができます。

ビジュアル解説！

廃液は分別してタンクに回収します

塩化銅の再結晶

3章 基本的な器具操作の指導
これだけは身につけさせたい!

3章 これだけは身につけさせたい！基本的な器具操作の指導

ばねばかり

向きに注意して調整しよう！

ばねばかりは，引っ張ればばねが伸びて力の大きさが測れるだけの道具なので，使い方も何もないように思いがちですが，指導上押さえておきたいことがあります。

1 つるして使うか，水平に置いて使うか

つるしている状態で０Nを指しているばねばかりを水平にしてしまうと，０Nより上の位置を指してしまいます。

これは，ばねばかりを水平に置いているときに比べ，つるしているときは，ばね自身の重力によってばねを伸ばしているからです。

そのため，ばねばかりを使うときは，使いたい向きにばねばかりをセットしたうえで，針が目盛りの０Nになるようにねじで調節してから使うようにしましょう。

2 押す力も測れる「押し引きばねばかり」

ばねばかりのばねは，引っ張って伸ばすことでその力を測っています。では，押す力を測るときはどのようにすればよいのでしょうか。

引く力だけでなく，押す力も測れる「押し引きばねばかり（テンションゲージ）」があります。また，付属品の「押し棒」をセットすると，押す力が測れるタイプのばねばかりもあります。

ビジュアル解説！

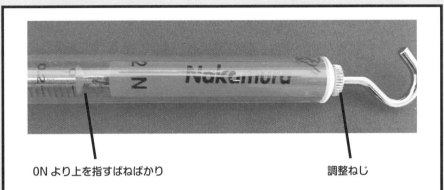

0Nより上を指すばねばかり　　　調整ねじ

　つるして使っていたときは0Nを指していたばねばかりを水平にすると，針は0Nより上を指してしまいます。水平に使うときは，調節ねじを使って0Nに合わせます。

ばねばかりの0Nの位置の調整

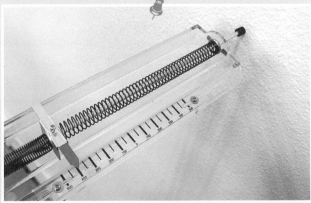

様々なタイプがある押し引きばねばかり

3章 これだけは身につけさせたい! 基本的な器具操作の指導

② マッチ

生徒の実態を踏まえて指導を工夫しよう!

　生徒の日常の生活において，マッチを使うことはなくなりつつあります。せいぜい，花火やキャンプ，仏壇のロウソクに火をつけるときに使う程度でしょう。学校においても，理科の授業以外ではマッチを使う場面はありません。

1 上達させるための指導法

　マッチを擦って火をつけること自体は難しいことではありません。未経験の生徒でも，ちょっと練習さえすればすぐに上手になります。そこで，20秒間炎を保たせるという目標を示し，練習をさせます。何度も試しているうちに上達していきます。

2 火を怖がる生徒にはまず消す練習を

　ただし，1学級に数名はマッチを怖がる生徒が必ずいます。これは，炎そのものや火傷に対する怖れから来るものです。マッチを擦って火がつくと，すぐに指を離して落としてしまったりします。

　そういう生徒には，まずマッチを消す練習をさせましょう。火のついた状態のマッチを渡し，手を振って炎を消すコツを教えます。それに慣れてからマッチを擦る練習をさせると恐怖心を低減させることができます。火を消すことに自信がつくと，火をつけることにも無理なく挑戦できるようになるということです。

ビジュアル解説！

❶ 親指，人差し指，中指の3本で木軸を持ちます。

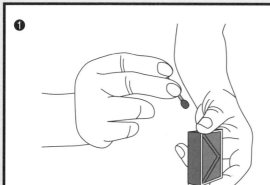

❷ マッチの軸が折れて炎が飛んでしまわないように，前方斜め下に押し下げるようにしてこすりつけます。

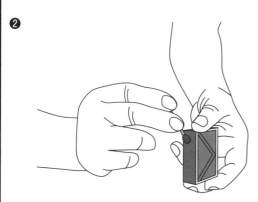

❸ マッチの頭（頭薬）とやすり（横薬）をこすりつけます。

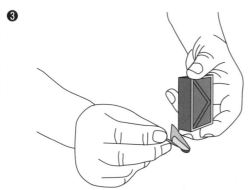

正しいマッチの使い方

3章 これだけは身につけさせたい！基本的な器具操作の指導

試験管

ポイントになることをしっかり指導しよう！

　試験管は基本的な観察・実験器具の1つです。入れる液体の量や持ち方などポイントになることを中学校の段階でしっかりと指導しましょう。

1 試験管に入れる液体は全体の4分の1程度にする

　試験管に入れた液体を混ぜ合わせるときには，試験管を振ります。少量なら，振っただけでよく混ざります。そのため，試験管に入れる液体は全体の4分の1程度（以下）にします。

　たくさん入れると試薬がむだになることがありますし，振っても混ざらないのでガラス棒で混ぜるなどすると危険も伴います（ガラス棒で試験管の底を突き破るということは，起こりがちな事故です）。

2 突沸は試験管で加熱するときに起こりやすい

　試験管にはいくつかのサイズがあります。

　内径で16.5mm，18mm，21mmの3種類が一般的で，常時100本程度（予備に50本程度）は備えておくとよいでしょう。この3種類だけなら同じ試験管立てが使えます。

　試験管の径が細いほど突沸が起きやすくなります。加熱時の沸騰や気体が発生する反応では注意をするようにしましょう。

ビジュアル解説！

上から $\frac{1}{4}$ ぐらいのところを3本指で固定する

薬指, 小指は内側に曲げる

試験管の上部を3本の指で持つのは, その方が振り混ぜやすいからです。

試験管で溶液を振り混ぜるときの持ち方

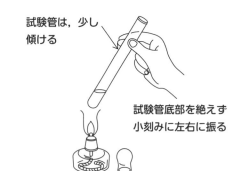

試験管は, 少し傾ける

試験管底部を絶えず小刻みに左右に振る

試験管の加熱時には, 突沸の危険があります。素手で持っていると, 沸騰の振動がよく伝わります。

絶えず小刻みに振るのは, 内容物をかき混ぜるという目的と, 突沸の防止という目的の両方があります。

試験管は素手で持って加熱

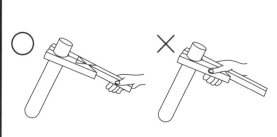

試験管ばさみの持ち方一つで, 実験に対する習熟度がわかる, と言われます。

試験管ばさみの持ち方

3章 これだけは身につけさせたい! 基本的な器具操作の指導

ガスバーナー

評価の仕方を工夫しよう!

　理科室でよく使われるガスバーナーは，熱源として手ごろな実験器具です。一方で，扱いによっては事故につながる危険な側面もあり，注意したい器具の1つでもあります。特に，点火の基礎操作に習熟させることは大切です。

1 教師が演示し，生徒に試させる

　まず教師が演示して見せます。そして次に，「『ガスバーナーに火をつけるのは簡単だ』という人，いますか?」と呼びかけます。たいていの学級では手をあげて応える生徒がいるので，その生徒を前に出して，学級全員の前で実演させます。実演させながら，細かい注意を促します。実演をした生徒には感想を言わせ，最後に拍手を呼びかけ，ほめます。

2 相互評価のパフォーマンステストを取り入れる

　ガスバーナーの操作は，個々に練習させ，グループごとに相互評価（パフォーマンステスト）をさせます。右ページ上のような評価表で観点を明確に示すと，自然に生徒同士の教え合いが始まります。
　授業時間外の昼休みや放課後にも再テストの機会を与えます（学年の他の教員にもそのことは知らせておきます）。再テストでは，個別指導がしやすいように受ける人数は少なくします。再テストを受ける生徒が学級の半分もいるようでは指導自体に問題があります。相互評価を全員でもう1時間行った方がよいでしょう。

ビジュアル解説！

評価事項	A男	B女	C女	D男	備考
元栓の確認	◎	◎	◎	◎	
上下のネジの確認	◎	◎	◎	◎	
マッチを擦る	◎	◎	◎	◎	
火をつける	○	○	◎	○	
炎の調節	○	◎	○	△	
火を消す	◎	◎	◎	△	

◎1人でできた　○アドバイスを聞いてできた　△できなかった

ガスバーナーの実技テストの相互評価表

再テスト

　次の日の中から，自分の都合のいい日を選んで，テストを受けます。
　　　　　　○月○日（○）〜○月○日（○）
テストは昼休みと放課後に行います。
１回にテストを受けることができるのは，10人までです。
準備をしておきますので，前日までに予約してください。
　１回のテストは３分間です。操作が全部終わらなかった場合は，そこまでの段階で評価されます。練習はできませんが，失敗したら別の日に再受験できます。その場合はもう一度予約します。
　再受験は何度でもできます。再受験した場合は，よくできた日の方を記録に残します。

生徒に向けた再テストの通知

3章 これだけは身につけさせたい！基本的な器具操作の指導

電気分解装置

操作が簡単でも練習はしっかり！

電気分解装置には，H字管を用いたガラス製の装置が古くから使用されてきましたが，プラスチック製の簡易電解装置が登場し，現在では右ページの図のような装置が一般的です。

1 操作が簡単でも練習は必要

簡易電解装置は，これまでのH字管を用いたガラス製の装置に比べると，水溶液を容器内に満たすのが容易で，ゴム栓やゴム管がはずれて水溶液が漏れる心配もありません。装置を傾けるだけで繰り返し実験を行うことが可能で，実験を失敗してもすぐにやり直すことができます。ただし，電極は固定されているので，水溶液の種類によって電極を交換することはできません。

容器内を水溶液で満たす操作は，慣れてしまえば簡単ですが，最初は練習が必要です。はじめから水酸化ナトリウム水溶液や塩酸を使用するのは危険なので，水道水などで十分に練習をさせたうえで実際の実験に臨むとよいでしょう。

2 電極の素材は何でもよいわけではない

水酸化ナトリウム水溶液を用いた水の電気分解を想定した装置では，電極がステンレスです。塩酸の電気分解に使用すると腐食してしまうので，塩酸にも対応する電極を装着した装置を購入しましょう。やや割高ですが，水の電気分解も兼ねることができます。塩化銅の電気分解には使用できません。

ビジュアル解説！

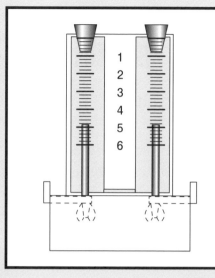

簡易電解装置はアクリル板でできているので，ガラス製に比べると比較的丈夫です。

左図は水溶液で上部まで溶液が満たされた状態を表しています。上部に空気が残っていると，集まった気体の性質を正確に調べることが難しくなるので，上部まで水溶液で満たされていることを確認します。

簡易電解装置はこのタイプ以外にもいくつかのタイプがありますが，実験の操作が簡単，水溶液がこぼれにくい，という2点で，このタイプは優れています。

簡易電解装置

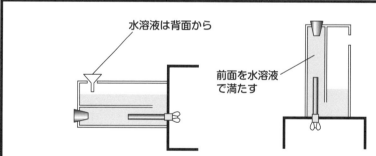

❶電解装置を倒し，背面からろうとを使用して水溶液を入れます。その際，ゴム栓はしっかりと締めておき，前面が水溶液で満たされるようにします。
❷前面に空気が入らないように，静かに電解装置を立てたら準備完了。電源装置をつないで，電流を流します。
❸陽極に集まった気体の性質を調べる場合は，陽極のゴム栓を外し，陰極のゴム栓はつけたままにしておきます。同様に，陰極の気体の性質を調べる場合は，陽極のゴム栓はつけたままにしておきます。
※水溶液がこぼれる場合があるので，バットの上で実験を行いましょう。

操作の手順

3章 これだけは身につけさせたい！ 基本的な器具操作の指導

6 電流計，電圧計，検流計

器具の破損を未然に防ごう！

　電流計，電圧計，検流計は，正しく操作できないと，値を読み間違えるだけでなく，器具を破損してしまう可能性があります。そのため，生徒にきちんと使い方を理解させてから実験を始めましょう。

1 理解できることと組み立てられることは別

　回路図を理解できることと，回路を実際に組み立てられることは別のことです。したがって，実際に電流計や電圧計を使った回路の組み立てを教師が演示し，約束事を確認しておきます。

　それでも，電流計や電圧計のある回路を組み立てることが苦手な生徒もいます。そのようなときは，電源装置の＋極→電流計の＋端子→電流計の－端子→抵抗→電源装置の－極と一周する回路をつくったあと，最後に測定したい部分の両端に電圧計をつけ加える順序で組み立てさせてみましょう。

2 見当がつかないときは－端子は最大の端子に

　－端子の値より大きい電流や電圧が流れると，指針がいっぱいに振れ，壊れてしまうことがあります。

　したがって，大きさの見当がつかないときは，とりあえず－端子を最大の端子につなぎ，それで指針の振れが小さいときには－端子を小さいものに変えていきます。

ビジュアル解説！

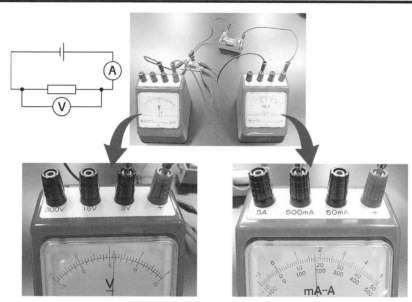

　針が目盛りいっぱいに振れたときの値が，つないだ−端子の値になります。指針は正面から見て，最小目盛りの10分の1の桁まで読みます。最小目盛りの桁までしか読まない生徒も多いので，正しく目盛りを読めているか確認します。
　写真では電圧計は3Vの−端子につけられているので電圧は1.16V，電流計は500mAの−端子につけられているので電圧は177mAと読めます。

目盛りの読み方

　検流計は敏感な実験器具なので，特にていねいに扱う必要があります。
　使わないで保管するときは，両方の端子を導線でつないでおきます。

検流計の扱いは特にていねいに

3章 これだけは身につけさせたい！基本的な器具操作の指導

記録タイマー

実験のコツを押さえよう！

　記録タイマーは，交流電源の周波数が50Hzか60Hzの違いで，毎秒50回または60回打点します。

1　実験のコツ

　右ページ上図のように，記録タイマー，記録テープ，物体が一直線上になるようテープの挿入や取り付けを行います。台車が斜面を下るときの運動でいうと，記録はワークシートやノートに貼りつけることも踏まえ，0.1秒間が4～5打点程度の0.4～0.5秒間が適当です。斜面の傾きは，10～20°がちょうどよい角度ということになります。

2　記録テープの処理

　等速直線運動に近いデータがほしい場合は，台車を平面上で軽く押したときに，打点がほぼ等間隔に並んでいる，0.4～0.5秒間の区間を選んで使います。

　一定の力が加わり続けたときの運動は，台車が斜面を下るときの記録で，台車を静かに離していれば，はじめの打点から使えます。

　時間と距離の関係をグラフ化したいときは，右ページ下図の左のグラフのようにテープをずらして貼り，時間と速さの関係をグラフ化したいときは，右のグラフのように並べて貼ります。このときの0.1秒間のテープの長さは，その0.1秒間の平均の速さを表しています。

ビジュアル解説！

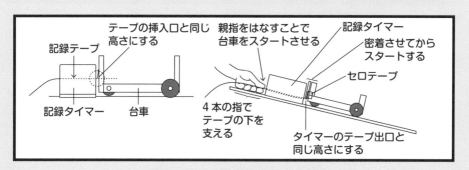

記録タイマー，台車テープの関係図

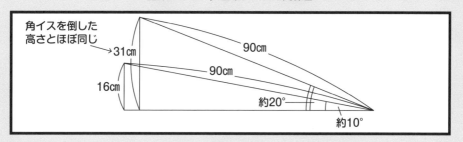

斜面の例

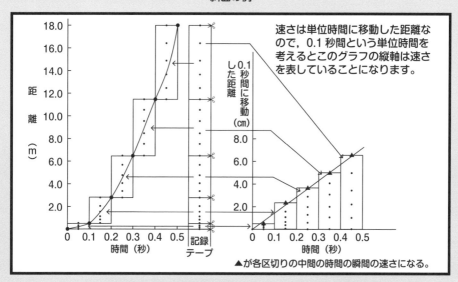

斜面を下る台車の運動の記録テープによるグラフ化例

3章 これだけは身につけさせたい！ 基本的な器具操作の指導

天体望遠鏡

目的や扱いやすさを検討しよう！

　理科の授業は苦手でも，星を見るのは好き，という生徒は少なからずいます。そういった生徒の興味・関心に応えるためにも，天体望遠鏡を使って，太陽や月などいろいろな星を観察してみましょう。

1 まずは屈折望遠鏡を

　天体望遠鏡には，屈折望遠鏡と反射望遠鏡がありますが，反射望遠鏡は太陽観測には適さないため，1台だけなら屈折望遠鏡を選びましょう。

　また，望遠鏡を支える架台には経緯台式と赤道儀式があります。経緯台式は赤道儀式に比べ安価で軽量，設置の準備が簡単なので初心者向けです。赤道儀式は，操作は難しいものの，星の動きに合わせて追尾しやすく，天体写真の撮影には適しています。

2 太陽の黒点の観測

　太陽表面の観察については，太陽投影板を用いると複数の生徒が同時に観察できます。太陽投影板をつけた望遠鏡を太陽に向け，太陽投影板に映った影が一番小さく丸くなる位置を探します。そのときに投影板には太陽も映っているので，ピントを合わせれば黒点が観察できます。

　なお，安全のため，ファインダーは必ずキャップをするか取り外すようにしておきましょう。

ビジュアル解説！

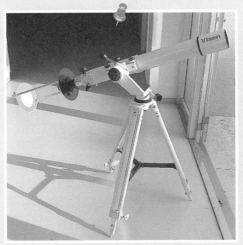
屈折望遠鏡＋経緯台式架台

反射望遠鏡＋赤道儀式架台

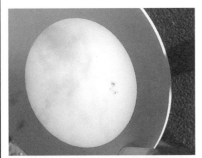
太陽の黒点を観察するときには，反射望遠鏡を使います。

満月より半月の方が月のクレーターがはっきり見えます。

望遠鏡を使った天体観測

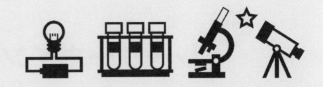

4章 事故が起きやすい観察・実験の指導

これだけは注意したい！

4章 これだけは注意したい！ 事故が起きやすい観察・実験の指導

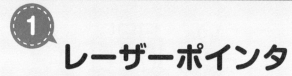
① レーザーポインタ

予期せぬ事態も考慮しよう！

　レーザーポインタは，プレゼンテーションのアイテムとしてかなり普及してきました。理科の実験では，光の実験などでも使われます。ただし，目に当たると失明の危険があるので，十分な注意が必要です。

1 生徒実験では使わない

　レーザー光を直接目で見てしまうと，網膜を損傷し，最悪の場合失明する恐れがあります。そのため，レーザー光をのぞき込んだり，人に当てたりしては絶対にいけません。また，鏡や金属などに反射したレーザー光が目に当たってしまうような予期せぬ事態も起こり得ます。

　以上のような点を踏まえて，レーザー光は生徒実験では使わず，専ら演示実験などで使いましょう。

2 レーザー光の色

　レーザーポインタのレーザー光は，一般的に普及している赤色（波長650nm）以外に，緑色（波長532nm）もあります。緑色のレーザーポインタは，同じ出力でも赤色より見やすいという利点がありますが，値段が高く，電池の寿命が短いことが欠点です。

　他にも青色（波長450nm）の光を出すレーザーポインタもありますが，緑色と比べて見やすくありません。

ビジュアル解説！

レーザー光は，レーザーポインタだけでなく，光学用水槽や光源装置等にも使われています。これらを扱うときもレーザー光を直接目で見ないよう指導します。

光学用水槽に使われるレーザーポインタの光

　現在，日本では1mW以下（クラス2）のレーザーポインタでないと製造販売・輸入販売ができません。ところが，ネット上にはそれ以上の出力をもつ輸入品などが手軽な価格で出回っています。ただし，出力が大きいということはそれだけ危険性も高く，安全装置が不十分な粗悪品も見られるため，学校では取り扱わないようにしましょう。

出力は1mW以下

4章 これだけは注意したい！ 事故が起きやすい観察・実験の指導

4章 これだけは注意したい！ 事故が起きやすい観察・実験の指導

誘導コイル

電気，磁気に注意しよう！

　放電や陰極線の観察などを通して，電子が移動していることを認識させることは大変重要ですが，誘導コイルの使い方には注意が必要です。

1 生徒に触らせないように

　演示実験に限って使用するものとし，生徒には触らせないようにします。教卓に準備しておくときも，コンセントは必ず抜いた状態にしておきましょう。

2 電気，磁気に注意して

　教卓のまわりに生徒を集めますが，誘導コイルに直接手が届くことがないように，距離を置かせます。

　スイッチがオフになっていることを確認してから，プラグをコンセントに差し込みます。

　電圧調整つまみが0になっていることを確認してから，スイッチをオンにします。スイッチを入れたら，電圧は徐々に大きくするようにします。

　通電中は，電極付近に手を近づけたり，本体の金属部に手を触れたりすることがないように注意します。

　強い磁気を発生するので，精密機器を近くで使用したり，同じコンセントで使用したりすることがないように注意します。

ビジュアル解説！

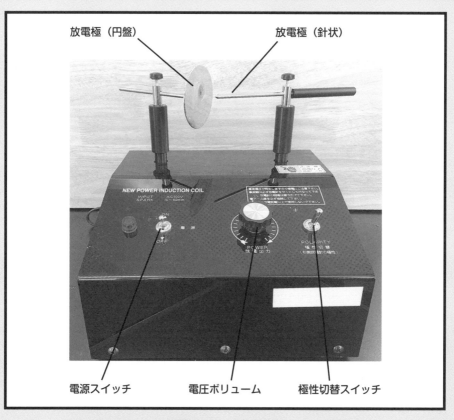

誘導コイルと各部の名称

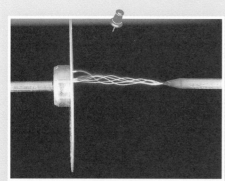

空気中での放電

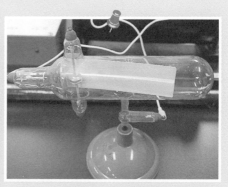

真空放電と陰極線

4章 これだけは注意したい！事故が起きやすい観察・実験の指導

4章 これだけは注意したい！ 事故が起きやすい観察・実験の指導

酸素の発生

定番の実験だからこそ注意しよう！

　酸素を発生させる方法としては，二酸化マンガンに薄い過酸化水素水（オキシドール）を注ぐのが一般的です。どの教科書でも気体の発生で取り上げています。しかし，意外にもこの定番の実験では事故が起こりやすいので，十分な注意が必要です。

1　濃い過酸化水素水は劇物

　実験では，3％過酸化水素水を用います。市販されている約30％の過酸化水素水を10倍に薄め，3％程度にします。保健室等で消毒用に使われるオキシドールの濃度も3％程度ですが，これで十分な量の酸素が発生します。

　濃い過酸化水素水は，取り扱いに十分な注意が必要で，劇物に指定されているほどです。皮膚に触れると，激しい痛みを伴う薬傷（白斑）を起こし，目に入ると失明の恐れすらあります。

2　粉状の二酸化マンガンは厳禁

　一方，二酸化マンガンを用いるときに，注意したいのが，粒の大きさです。必ず数mm程度の粒状のものを用いましょう。粉状の二酸化マンガンでは，激し過ぎる反応が起きてしまいます。

　粉状の二酸化マンガンや濃い過酸化水素水を用いると，激しい反応熱のため，瞬時に過酸化水素水が沸騰して，容器から吹き上がったり，飛び散ったりすることになります。

ビジュアル解説！

試薬の調整を誤ると突沸の危険性がある酸素の発生実験

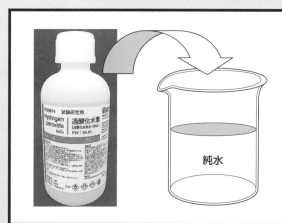

過酸化水素水を薄めるときは必ず純水を用います。不純物が入ることで分解を促進することにつながるからです。

薄めたものは分解が進みやすいので，必ず必要量のみを調整するようにします。

過酸化水素水の調整

4章 これだけは注意したい！事故が起きやすい観察・実験の指導

水素の発生

事故の原因をしっかり理解しよう！

集まった気体が水素であることを確認するため，気体に点火する場面がありますが，これまでに多くの重大な事故が報告されています。事故の原因をしっかりと理解し，安全かつ楽しく実験を行いましょう。

1 事故の原因

発生装置に直接火を近づけたことによる事故が最も典型的です。発生装置の容器内には，もともと入っていた空気が存在します。したがって，発生した気体は酸素を含む空気と水素が混合した状態になっており，火を近づけると爆発する恐れがあります。

特に，右ページ上の図のような状態で火を近づけた場合，ガラス管の中を火が伝わり，密閉されたフラスコ内で爆発が起こる場合があります。ガラスの破片が高速で飛び散り，顔に大けがをしたり，失明したりするなどの被害も報告されています。

2 事故防止のポイント

発生装置に火を近づけないこと，水素を試験管に集めてから点火することを徹底します。

また，ガラス器具を用いずに発生装置を自作し，できるだけ空気が入らない状態で気体を発生させることも，事故防止に有効です。

ビジュアル解説！

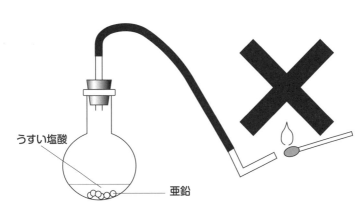

　本来，水素の実験では，水上置換法で試験管に水素を集め，水素を集めた試験管に点火するのが正しい方法ですが，勉強不足や，時間がなくて水素の確認をあせってしまった場合などに事故が起こっています。
　発生容器内にはもともと入っていた空気が存在しており，酸素を含んでいます。特に，上図のような丸底フラスコは口の大きさに比べて容積が大きく，爆発の規模も大きくなります。

絶対にやってはいけない方法

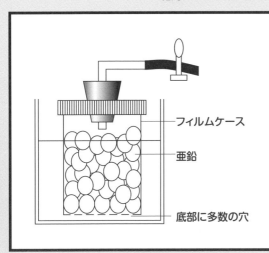

　ガラス器具を用いない発生装置として左のようなものがあります。底に多数の小さな穴をあけたフィルムケースに亜鉛をたくさん入れ，ふたをします。ふたには穴あきのゴム栓を取りつけ，ガラス管とゴム管をつないでピンチコックで止めます。
　この装置を薄い塩酸に浸してピンチコックを開ければ，水素が発生し，装置を取り出してピンチコックを閉めれば，水素の発生は止まります。

ガラス器具を使用しない水素の発生方法

4章 これだけは注意したい！事故が起きやすい観察・実験の指導

⑤ エタノールの沸点の測定

よく使う溶液だからこそ危険性をしっかり理解しよう！

　エタノールは引火性があり，吸引による中毒も心配されます。エタノールは実験でよく使用されますが，危険性をしっかり理解しておきましょう。

1 引火を防止するために

　エタノールは直火で加熱せず，湯浴で加熱します。
　枝つきフラスコ内には沸騰石を入れ，突沸を防止します。また，加熱の途中で沸騰石を加えてはいけません。枝つきフラスコとシリコン管を接続するところがはずれないように，深めに取りつけておきましょう。

2 吸引による中毒を防止するために

　加熱したエタノールは，枝つきフラスコを使用して回収し，蒸気が外にもれ出さないように注意しましょう。

3 その他の危険性

　火を消す際は，枝つきフラスコに接続したガラス管が回収したエタノールの液面より上に出ていることを確認してから火を消します。フラスコ内が冷えて減圧状態になり，回収したエタノールが逆流することを防止するためです。蒸留でも同様の危険性があります。

ビジュアル解説！

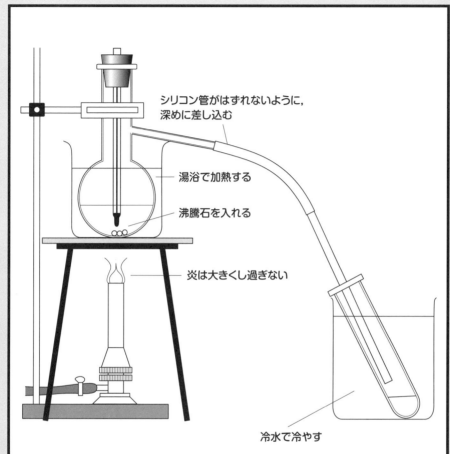

火を消す際に，ガラス管の先が試験管内の液体に触れていると，逆流するおそれがあるので，液体からは出しておきます。

枝つきフラスコは枝が折れやすいので，扱いには注意をさせましょう。シリコン管をあらかじめ取りつけておくのも1つの方法です。

エタノールの沸点測定の装置

4章 これだけは注意したい！ 事故が起きやすい観察・実験の指導

6 動物の解剖

生命を大切に扱う姿勢を忘れずに！

　動物の解剖は生徒にとって大変インパクトの強い活動です。怪我の防止や衛生面，生命尊重の観点から気をつけたいことがいくつかあります。

1 衛生面の注意

　動物は有害な細菌や寄生虫等を保有していることがあります。また，イモリなど皮膚から毒を分泌する動物もいます。解剖時はポリエチレンなどの手袋を着用させます。生徒の嫌悪感も軽減できます。また，動物を触ったらよく手を洗うように指導します。

2 怪我の防止

　はさみや刃物を使うときは，利き手とは反対の手を刃物の前や下に置かないなど，手を切らないための指導を行いましょう。万が一怪我をしてしまったら，すぐに保健室で消毒してもらいましょう。

3 生命尊重，動物愛護の精神を忘れずに

　解剖では「生命を大切に扱う」姿勢を絶えずもたせるようにします。特に生きた動物を解剖するときは麻酔が必要です。動物になるべく苦痛を与えず，生徒にとっても安全な方法で麻酔を行いましょう。

ビジュアル解説！

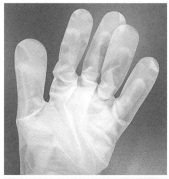

　使い捨てのポリエチレン手袋はホームセンターなどで100枚300円程度で入手できます。大きめなので，脱着も簡単に行うことができます。

　イモリやヒキガエルは皮膚に毒腺があります。手で触っただけで影響が出るようなことはありませんが，触った手を口に入れたり，その手で目をこすったりすると危険です。

衛生面の注意

　陸上動物の麻酔にはエーテル（左）を用いるのが一般的です。
　エーテルで麻酔するときは，ふたのできるガラス容器（中央）を用います。もれたガスを生徒が吸い込む危険のない窓際や換気扇の近くで行います。
　プラスチック製の容器（右）は，エーテルで溶けてしまうことがあるので，使用してはいけません。

エーテルによる麻酔の注意点

4章 これだけは注意したい！ 事故が起きやすい観察・実験の指導

⑦ 野外観察

安全面への配慮も周到に！

　地層の野外観察では，実際の地層をどう観察させるかという指導面だけでなく，安全面での配慮も周到にする必要があります。

1 地層のどこを見ればよい？

　まず，地層全体を見渡します。地層の傾きや不整合，褶曲や断層などがないかをチェックします。

　次に，地層に近づいて観察します。色や形，粒の大きさなどから岩石の種類を判別したり，化石がないか調べたりします。

　より注意深く観察させるためにも，地層全体のスケッチをさせるとよいでしょう。気づいたことや岩石の種類などは図のほかに言葉でも記録しておくとよいです。化石や岩石が採取できるときでも，採取は必要最小限度にとどめておきましょう。

2 危険箇所は事前にチェックする

　実地踏査で注意を要する場所はないか確認し，滑りやすい場所などは教師がつくようにし，崩れそうな場所には近づかせないようにします。

　引率は複数の教師で行い，災害発生や生徒がけがをしたときなど緊急時の対応についても綿密に確認しておきます。

　ハンマーなどの扱い方も指導しておきましょう。

ビジュアル解説！

事前学習の段階で，地層を観察することの意義やおもしろさもきちんと生徒に伝えておきます。すると，目の前の地層を読み解いて，自分たちの住む大地がどのようにしてできたか思いを巡らせることができます。

地層観察の様子

地層を観察するときは，まず全体を眺めて地層の重なり方などを確認してから，地層に近づいて細かい点を観察します。

採取した化石や岩石はビニール袋に入れて，日付と場所を油性マジックで袋に書いておきます。

地層観察の工夫

5章 生徒をもっと理科好きに！学習環境づくりのアイデア

5章 生徒をもっと理科好きに！ 学習環境づくりのアイデア

1 動物の飼育

ちょっとした工夫で管理も楽々！

　理科室内に生き物の入った水槽を置くと部屋に潤いが生まれ，生徒が自然と集まって来ます。ここでは，なるべく手間のかからない水槽の管理の仕方を紹介します。

1 水槽の置き場所

　水槽の置き場所は，日当たりのよいところにしがちですが，南向きの窓際など直射日光の当たる場所は避けましょう。直射日光が当たる場所は温度変化が激しく，高温になり過ぎ，藻の急激な繁殖，紫外線の害などの不都合が生じます。

2 砂利を敷かない

　水槽の底に砂利を敷くと見栄えはよくなりますが，砂利の間にえさの食べ残しや糞などが混ざり，こまめに掃除をしないと水質が悪化してしまいます。また，ホースで水を抜くときも，砂利が一緒に吸い込まれてしまい，始末に困ります。

　魚類など完全に水生の動物に関しては，水槽に水をいっぱいに張って，上面濾過装置を使用することで，砂利を敷かなくて済みます。

　カメやイモリなどについても，平らな石や流木を入れれば，砂利を敷かずに飼育することができます。

ビジュアル解説！

ポンプつきの上面濾過装置を使用しています。砂利は敷かず，流木と水草（ウイローモス，オオカナダモ）が入れてあります。

魚類の飼育例

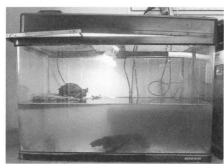

水槽内の水量を多くしてスポンジフィルターで濾過を行います。砂利を敷かない代わりにレンガや流木を入れて足場とします（上）。

水質保持には，麦飯石濃縮液（左下）を用います。麦飯石濃縮液を入れると，上の写真のように，はじめは白く濁りますが，次の日には透明になります。水替えは週に一度で十分です。

スポンジフィルターをカメがかじってしまうので，幼魚隔離用ボックスをカバーとして代用します（右下）。

カメの飼育例

5章 学習環境づくりのアイデア
生徒をもっと理科好きに!

動物の解剖

実態に応じた教材選びをしよう!

解剖のための生きた教材用の動物も入手することはできますが,生きた動物にこだわらなければ,教材のバラエティは広がります。

1 冷凍材料の利用

最近はペットのヘビなどのエサとして,冷凍の動物が数種類市販されており,ネット通販で購入できます(右のマウスのほかに,ラット,ウサギなどもあります)。これを解剖の教材として活用します。生きたマウスに麻酔をかけて解剖することのハードルの高さを解消する1つの方法です。

2 食肉の内臓の利用

他にも,食肉の内臓を利用するという方法もあります。

例えば,東京では東京都中央卸売市場・東京食肉市場内で解体される牛や豚の内臓を理科,生物の教材用に販売している会社[※]があります。

特に豚については,眼球,頭部,心臓,肺,腸,肝臓,腎臓,血液など,ほとんどの臓器が入手可能です。送料はかかりますが,地方配送にも対応してくれます。

※東京芝浦臓器株式会社　http://www.tsz.co.jp/

ビジュアル解説！

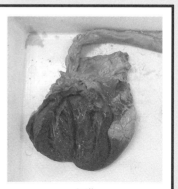
心臓

腸

肝臓と胆のう

気管からホースで息を吹き込んだ肺

　生命に対する畏敬の念に配慮し，解剖後は流しに捨てたりせず，必ずケースなどに入れて集めさせます（細かな肉片も同様にします）。集めたものは，ポリ袋を二重にして密閉し，可燃ごみとして処理します。

食肉の内臓を用いた解剖

5章 生徒をもっと理科好きに！ 学習環境づくりのアイデア

3 百葉箱

身近な気象を実感させよう！

　遠くの気象台の気象データだけでなく，いつもの学校にある百葉箱で気象観測したり，得られたデータを活用して，「身近な気象」を生徒に実感させてみましょう。

1 中に何を入れるか

　まず，気温，湿度，気圧の観測ができるように，温度計と湿度計または乾湿計，そして気圧計を用意しておきます。生徒に気象観測の体験をさせるためならば，普通の温度計や湿度計などでよいのですが，継続的に観測する場合は，自記温度計などを利用するのも１つの方法です。

　さらに，百葉箱の中に気温などを測定するセンサーを設置し，観測データをパソコンに自動的に送るシステムもあります。後で観測データを使って考察などを行うときに加工ができて便利です。

2 メンテナンスも忘れずに

　百葉箱は，もともと風雨に長期間さらされるものなので丈夫にできていますが，それでもペンキがはがれてしまったり，脚の金属の部分がさびてしまっていることがあります。

　したがって，普段からときどき清掃し，二年に１回程度は再塗装して長持ちさせましょう。

ビジュアル解説！

以下のような百葉箱の設置条件も確認しておく必要があります。
- 日光が入らないように扉側が真北になっている。
- 高さ1.2～1.5mに温度計などの感部がくるように取りつけてある。
- 地面からの照り返しを防ぐため，百葉箱の下の地面に芝を張るか，その地域の自然の地表にしてある。
- 風通しのよい場所に設置されている。

百葉箱の設置

多くの自記温度計等ではドラムが1回転する日数を1日，7日，30（32）日と切り替えることができます。授業での活用を考えると，7日が使い勝手がよく，毎日紙を取り替えないでよいというメリットもあります。

消耗品としては，記録用紙，ペン，インクがあります。いずれも切れてから補充しようとすると，その間の観測ができなくなるので，自記温度計等を購入するときに一緒に予備の消耗品を買っておくとよいでしょう。

自記温度・湿度・気圧計

5章 生徒をもっと理科好きに！学習環境づくりのアイデア

生徒の作品の掲示

選び方や掲示方法を工夫しよう！

　日ごろの生徒のノートやレポートを理科室近くの掲示板に展示することは，授業の活性化に大変有効です。ここでは，ノートやレポートの選び方や掲示方法の工夫を紹介します。

1 授業ノートは1，2点充実したものを選ぶ

　ノートやレポートは，書き方を指導するという視点で，生徒の書いたものの中から充実したものを選び，掲示します。

　また，「結果から導かれる考察の書き方」など，授業の中では実例をあげて十分な指導ができないこともあります。このようなときも，様々な単元を通して手本となるものを掲示し続けることができれば，自然とノートやレポートの書き方を身につけさせることができます。

2 夏休みの課題は全員の作品を掲示する

　一方，夏休みの課題などの掲示は，少し趣が異なります。

　全員が少なからず時間をかけて作品を仕上げることを踏まえ，その努力を前向きに評価するという意味を込めて，全員の作品を掲示してあげたいものです。

　もし全員の作品を掲示するスペースがなければ，今後参考となるような優れた作品を選び，しばらくの間展示するようにします。生徒に次回の作品提出に向けて，よい刺激を与えることができます。

ビジュアル解説！

生徒のノートの掲示

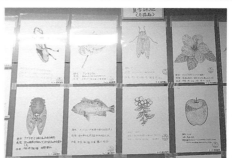

　自由研究や観察記録をB4判用紙にまとめ，壁新聞としてテーマ別に掲示すると効果的です。
　生物のスケッチは，特徴や感想なども書かせることで，生きた掲示物になります。

壁新聞と生物のスケッチ

5章 生徒をもっと理科好きに！ 学習環境づくりのアイデア

5 展示物

生きた展示をつくろう！

　実験道具や標本，科学おもちゃ（模型）を並べ，説明を添えるだけで，理科室がミニ博物館に変わります。

1　標本の展示は説明や写真を添えて

　標本は，ただ置くだけではもったいないので，展示の仕方を工夫してみましょう。

　まずは，一つひとつの標本に説明を添えましょう。

　頭骨標本は，右ページ上の写真のように，目の中に黒い紙を丸めて入れておくと目の位置がよくわかります。

　岩石標本や化石標本の場合は，名称（化石の場合は時代）だけではなく，産状（標本が地層にあった状態）がわかる写真があると，生きた展示になります。理科室のスペースに余裕があれば，机を並べて岩石などを置き，生徒が触れたり観察したりできるコーナーをつくるとよいでしょう。

2　授業内容を切り取る展示，テーマ性のある展示

　授業で説明した事項をまとめて展示すると，授業の復習になることはもちろん，授業内容が生徒にとってより身近な存在にもなります。

　また，ジオラマ風の展示に挑戦してみるのもよいでしょう。1つのテーマで標本や模型を集め，説明を加えて展示してみましょう。生徒の自由研究のヒントなどにもなります。

ビジュアル解説！

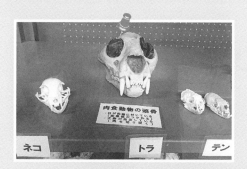 

肉食動物と草食動物の頭骨を説明（目や歯のつき方）と共に展示

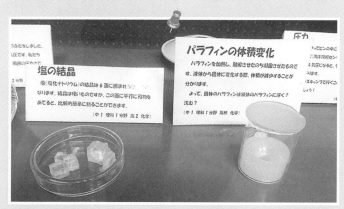

授業内容を切り取った展示（塩化ナトリウムの再結晶とロウの体積変化の実験）

左の写真は，「大陸移動」をテーマに，大陸移動を証明したグロソプテリス（裸子植物の化石），リストロサウルス（哺乳類のフィギュア），パンゲアの模型を並べた展示例です。

ジオラマ風の展示

5章 生徒をもっと理科好きに！学習環境づくりのアイデア

5章 生徒をもっと理科好きに！学習環境づくりのアイデア

6 机の配置

主体的・能動的な学びを促そう！

1 「ディスカッション・テーブル」と「実験台」を分ける

　試行錯誤を繰り返しながら実験する授業のとき，実験計画および実験結果の検討や解析は「ディスカッション・テーブル」で行い，実験や観察は「実験台」で行うようにすると，役割分担しながらいきいきと活動できます。

　固定式の場合，流しを挟んで前方をディスカッション・テーブル，後方を実験台とします。可動式の場合，理科室の大きさにもよりますが，実験台を動かして10台にし，その脇に教室の生徒用机を各班４台ずつ持ち込み，ディスカッション・テーブルとする方法があります。

2 討論型授業でディスカッション・テーブルを拡大する

　「これから日本が最も重要視すべき発電方法は何か」というディベート課題に「火力発電」「原子力発電」「水力発電」「その他の発電」の４テーマを与え，テーマ別に協議させるときなどは，理科室の広さを利用して配置を工夫します。固定式の場合は隙間に教室用の生徒用机を配置し，可動式の場合はいくつかを連結し，いずれも円卓のように机を配置して10人程度が顔を合わせて協議できるようにします。各テーブルにホワイトボードやタブレット，情報提示装置などのICT機器を配置すれば協議にも熱が入ります。

ビジュアル解説！

ディスカッション・テーブルと実験台を連結横置きにしています。

ディスカッション・テーブルと実験台を離しています。

ディスカッション・テーブルを連結させて円卓のように配置し，10人程度が顔を合わせて協議できるようにしています。

　写真のディスカッション・テーブルはパソコン室用の大きめのテーブルですが，生徒机をいくつか連結させて用いることもできます。

様々な机の配置

5章 生徒をもっと理科好きに！学習環境づくりのアイデア

グループ編成

生徒の学び合う力を引き出そう！

　観察・実験を円滑に行うには，生徒同士の協力や教え合いが大切です。教師による助言や支援より，その方がずっと効果的な場合があります。

1 生徒への趣旨説明を行う

　観察・実験の技能の段階が様々な生徒をあえて同じグループにするような編成の方が，難度の高い実験が円滑にできることが多いです。

　このような編成を実施するときには，生徒には，「この時間の実験では，みんなで学び合いができるように，いつもと違うグループ編成にします。実験が得意な人は，自分がわかったことをまわりの人にもよくわかるように説明してください。また，実験に苦手意識がある人も，近くに必ず得意な人がいますから，その人に尋ねたり，やり方を見たりしてチャレンジしてみてください」などと説明します。だれがどの段階なのか公表はしませんが，何の説明もなく普段の生活班と違うグループ編成をすると生徒も気になるので，趣旨説明をすることは重要です。

2 グループ編成の方法

　例えば，「観察・実験の技能」の観点からみて評価が上位の生徒から，男女それぞれ4段階に分けます。そして，4人1組のグループに，それぞれ違う段階の生徒が1人ずつ含まれるようにします。さらに，男女がとなり合うように座席を配置します。

ビジュアル解説！

順位	1	2	3	4	5	6	7	8	9	10	11	12	13	14	15	16	17	18	19	20
男子	A	A	A	A	B	B	B	B	B	C	C	C	C	D	D	D	D	D	D	D
女子	ア	ア	ア	ア	ア	イ	イ	イ	イ	ウ	ウ	ウ	ウ	ウ	エ	エ	エ	エ	エ	エ

「観察・実験の技能」の評価によって男女各20人を4段階に分けた例

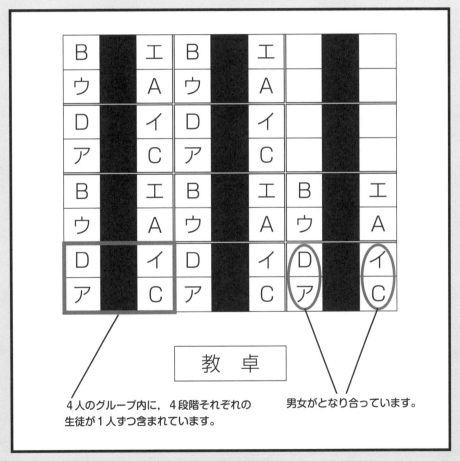

4人のグループ内に，4段階それぞれの生徒が1人ずつ含まれています。

男女がとなり合っています。

グループ編成の例

5章 生徒をもっと理科好きに！ 学習環境づくりのアイデア

5章 学習環境づくりのアイデア
生徒をもっと理科好きに！

黒板

生徒に考えさせる板書を目指そう！

板書にはいろいろな役割があります。ここでは，酸化還元反応の授業を例とともに，導入からまとめまでの板書のポイントを紹介します。

1 板書は授業の履歴そのもの

課題を板書し，生徒にも自分の考えとともにノートに書かせ，実験の目的を確認します。

実験方法については，簡潔で視覚的にわかりやすい板書を目指します。また，実験結果，考察のスペース（見出し）もあらかじめ示しておきます。

実験の考察を基に，学習のまとめを記述します。学習内容によっては，要点を図式化したものや，粒子のモデルで表したものなどを示すことも考えられます。

2 生徒が考える余地を残す

導入時に課題を考えさせる場面や，実験結果を整理してまとめさせる場面，実験結果を基に考察をする場面などでは，どこにどのような記述をするのかを板書で示しておきます。複数の項目がある場合などは，思考を助けるためにまとめるべき結果の項目を示したり，考察をする視点を示したりすることも考えられます。

このような工夫を通して，教師が書いた黒板をただ写すだけの作業にならないようにしたいものです。

ビジュアル解説！

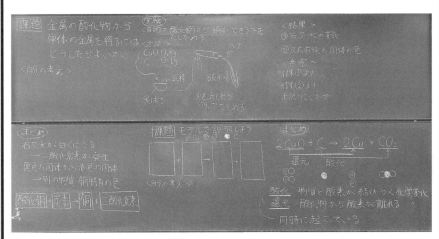

❶課題の提示
この授業では,「金属の酸化物から単体の金属を得るにはどうしたらよいか」という課題について,酸化銅を例に考えさせます。酸化銅の酸素を奪う視点に気づけるかどうかがカギになります。

❷実験方法
実験方法は,簡潔でわかりやすい図と必要最低限の語句で説明します。文字情報だけではなく,簡潔でも視覚情報を併用する方が生徒の理解は早く,実験も正確になります。

❸結果と考察
結果の項目を示したり,考察をする視点を示したりしながら,自分自身で考えて書くことを促します。

❹まとめ
実験は万能ではなく,すべてが解決するわけではありません。実験と学習のまとめは区別しましょう。

酸化還元反応の授業の板書例

5章 生徒をもっと理科好きに！ 学習環境づくりのアイデア

教卓

演示実験は安全かつ印象的に！

1 見やすさを確保する

　演示実験のときは，いすごと教卓前に移動させ，演示する教師を中心に扇状に生徒を並べます。

　教師はできるだけ実験装置の背後に立ち，どの位置の生徒からでも実験装置がよく見えるようにします。生徒の目線から実験装置が見にくい場合は，教卓の上に実験用の架台などを置き，見やすい位置にセッティングすることも大切です。

　メスシリンダーや電子てんびんの目盛り，細部の様子を観察させたい場合は，補助的に教材提示カメラを使用すると効果的です。

2 演示は実験ショー

　演示実験をする教師は，舞台に上がる役者のようなものです。黙々と実験操作を行うのではなく，実験のねらいや装置のしくみなど，これからやろうとしていることが何なのかを語り，全体で共有させたいところです。これは，簡単なようで難しいことなので，実際に目の前に生徒がいるつもりになって，セリフを交えた予備実験を行うことをおすすめします。

　そして，演示実験はやはり百発百中で行いたいところです。本番のつもりで事前によく練習をしておきましょう。失敗して，「本当はこうなるんだけど…」などと言い訳するのはご法度です。

ビジュアル解説！

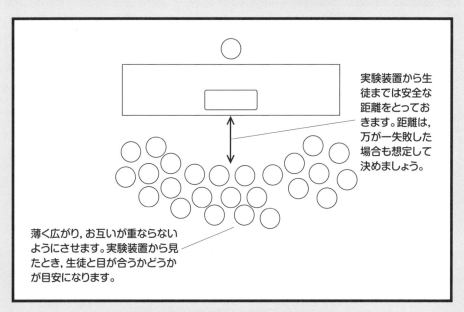

教卓の前で演示実験を行う際の生徒の配置

演示実験を行う際の教卓の上

5章 生徒をもっと理科好きに！学習環境づくりのアイデア

10 天体観望会

理科好きを増やす楽しいイベントに！

　望遠鏡を使って，その時期に見られる天体を観測する天体観望会。安全面に配慮して楽しいイベントにすれば，理科好きの生徒を増やす格好の機会になります。

1　まずはミニ観望会から

　いきなり夜に生徒を集めて1時間近くの観望会を行うことには，不安があるかもしれません。

　そこでまずは，日が暮れるのが早い冬季，部活動が終わって生徒が帰る時間帯に，天体望遠鏡を使って通りがかった生徒に金星，水星等の惑星を見せるという「ミニ観望会」から始めてみてはどうでしょうか。

2　思わぬトラブルも想定して

　夜の観望会は，いろいろなトラブルが起きやすいので，十分に準備を整えておきましょう。

　ただ，その日に見える天体とそれがどの方角に見えるかの確認，機材の搬入方法，スタッフの数とその確保，悪天候時の対応などなど，いろいろ手を尽くしたつもりでも，いざ始まってみると思わぬ展開が…，ということもあります。

　観望会を成功させるには，経験を積むしかありません。後悔や反省を繰り返して，よりよい観望会運営ができるようになっていきます。

ビジュアル解説！

　天体観望会は，必ずしも夜にやらなければならないわけではありません。
　日食や黒点観察など太陽を見ることもできますし，朝，生徒が登校する時間帯に月を見せたり，夕方に宵の明星を見せたりすることもできます。

昼間に行う天体観望会

　観望会当日に予定されている観測場所から，お目当ての天体が見えるかどうか，必ず現地で確認しておきましょう。木や建物で隠れてしまう，時間的にまだ暗くなっていない，建物や自動販売機の光が明る過ぎる…など，意外な問題点が隠れていることがあります。暗いと気がつかずにぶつかりそうな障害物がないかも確認しておきましょう。
　また，近隣にマンションなどがある住宅地の場合，望遠鏡を向けていると誤解を招くこともあるので注意が必要です。

注意事項は多岐に渡ります

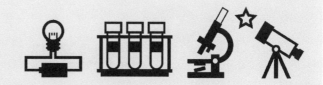

6章 これは使える！観察・実験の便利アイテム

6章 これは使える！観察・実験の便利アイテム

液体窒素

危険性を熟知して演示実験に活用しよう！

液体窒素を使うと，状態変化の実験のほか，超低温の世界が手軽に体験できます。授業で液体窒素を使った演示実験はいかがでしょうか。

1 いろいろな物質を状態変化させる

液体窒素をデュワーびん（後述）に入れると無色の液体がブクブクと激しく沸騰します。沸点が－196℃なので「沸騰」しているのです。この液体窒素を少量とり，小さめのチャックつきポリ袋に入れて閉じると，液体窒素が気化することでポリ袋が膨らんでパンと破裂します。

エタノールを試験管に入れ液体窒素で冷やして固体にし，それを液体のエタノールに入れてみましょう。エタノールの固体は液体の中で沈みます。エタノールは水と違い固体の方が密度が大きいからです。

2 超低温の世界を体験する

液体窒素にソフトテニスのボールや花，乾いた紙などを入れ，取り出して様子を調べてみましょう。

ソフトテニスのボールはゴムの弾性がなくなり硬くなり，落とすとガラスのように割れてしまいます。花も細胞内の水が凍り，硬くてもろくなって，手でつかむと粉々になります。ところが，乾いた紙は多少濡れる程度で変化はありません。

ビジュアル解説！

液体窒素に花を入れて取り出した後，手でつかむと粉々になってしまいます。液体窒素によって細胞内の水が凍り，硬く，もろくなったためです。

液体窒素を使った実験

液体窒素を普通のビーカーに入れると，ビーカーの壁面が霜で白くなり，中が見えにくくなってしまいます。そこで二重になったガラスの内部が真空になっているデュワーびん（左）を使います。また，液体窒素の保管には専用の容器（右）が必要です。液体窒素を入手するときに，一緒に貸し出してもらえないか相談してみましょう。

デュワーびん

液体窒素を扱うときは，超低温用手袋を使います。軍手は液体窒素を吸着することがあり，素手より危険なので厳禁です。また，液体窒素の中に入れたものを取り出すときは熱伝導率の高い金属のピンセットは使えず，割りばしや竹のピンセットを使います。

また，液体窒素の危険性として低温はすぐ思いつきますが，気化による容器の破裂と酸欠は見落としやすいので注意しましょう。換気も忘れてはいけません。

液体窒素使用時の注意

6章 これは使える！観察・実験の便利アイテム

ドライアイス

安全に配慮して状態変化を調べよう！

　二酸化炭素を冷やして固まらせるとドライアイスになります。食品の保冷剤として生徒にとっても身近な物質の1つです。常圧では，−79℃で直接気体に昇華します。ドライアイスを使った実験を授業で行うときは，必ず保護メガネや耐寒用手袋などを用意し，安全に配慮します。

1 いくつもある入手方法

　少量でよければ，アイスクリームや洋菓子の保冷剤として入手するのが簡単です。インターネットで検索すると，必要な量の注文に対応可能なサイトが見つかります。5kg程度なら配送料別で2000円程度で買えます。また，公費で購入できる教材取扱店に依頼して入手すると，必要な量の注文に対応可能です。

2 5kgで一晩は保存できる

　保存する際は，ドライアイスを新聞紙や毛布等で何重にも包み，断熱性の高い容器（発泡ポリスチレン製のものなど）に入れておきます。
　ただし，ある程度の量が必要です。5kgもあれば，少々目減りするにしても，一晩は保存することが可能です。
　なお，家庭用の冷凍庫では保存効果は期待できません（室温で放置しておくのとほぼ変わらないという調査結果が出ています）。

ビジュアル解説！

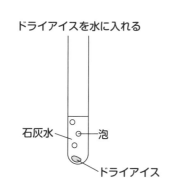

ドライアイスを水に入れると，水で温められ，昇華して泡になります。
この水を別の試験管にとり，石灰水を加えると白く濁ります。
また，この水を別の試験管にとり，BTB溶液を加えると，黄変し酸性を示します。

水に溶けた二酸化炭素の反応を調べる実験

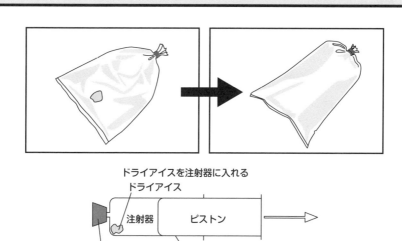

ポリ袋が膨らむことで，ドライアイスの昇華の様子が視覚的にわかります。
ポリ袋の代わりに，上のように注射器を用いても同様の実験ができます。ポリ袋だと，明らかに膨らむまでには数分かかりますが，注射器だとピストンが押し出されていく様子がリアルタイムでわかります。

昇華による体積の増加を調べる実験

6章 これは使える！観察・実験の便利アイテム

加熱器具

目的や用途で使い分けよう！

　理科室で使用できる加熱器具には以下にあげるようなものがあります。様々な種類が市販されているので，目的や用途，使用場所に応じて使い分けるとよいでしょう。

1 火による加熱

　火を使う加熱器具としては，ガスバーナー，ガスコンロ，トーチバーナーなどをあげることができます。中でも，ガスコンロは生徒にとって身近な加熱器具であり，操作が簡単で火力の調節が容易にできるので，安全に使用できます。また，持ち運びができるので，教室で演示実験を行う際にも便利です。トーチバーナーは，強い火力を得ることができ，ガラス細工に利用できます。

2 湯せんによる加熱，その他

　湯せんする実験は数多くあります。
　ガスバーナーを用いて水から湯を沸かすと時間がかかるため，ポットを用いて事前にお湯を準備しておくとよいでしょう。また，理科室にガス給湯器を設置しておくと便利です。
　その他にも，ホットプレートは温度調節が容易で，一度に多くのビーカーを加熱したり，湯せんに使用できます。また，ドライヤーは湿気により赤色に変化した塩化コバルト紙を乾燥させて青色に戻すときに利用できます。

ビジュアル解説！

ガスバーナー（3500円）

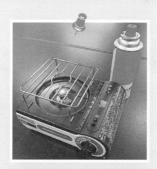
実験用ミニコンロ（7000円）

トーチバーナー（2000円）

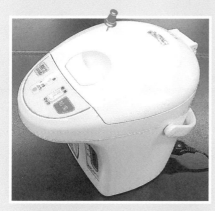
電気ポット（5L用で10000円程度）

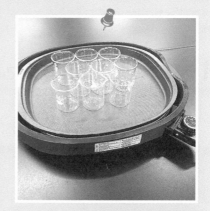
ホットプレート（湯せん鍋として使用可）

ヘアドライヤーと熱風機（家庭用なら1台2000円程度から）

6章　これは使える！観察・実験の便利アイテム

6章 これは使える！観察・実験の便利アイテム

簡易真空ポンプ

手軽に減圧状態を体感させよう！

　生徒に大気圧を実感させるためには，真空ポンプを使って減圧したときの現象を体験させることが効果的です。電動真空ポンプより安価で，生徒自身で減圧状態をつくることができます。

1 簡易真空ポンプで実験いろいろ

　簡易真空ポンプ（吸排式）は，ピストンを押したり引いたりすることによって容器の中の空気を排出することができます。注射器を動かしながら，吸気管や排気管に手を当てるだけで空気の動きを感じることができます。

　簡易真空ポンプをゴム栓でふさいだ丸底フラスコに取りつけて使うのが一般的ですが，ゴムパッキンやふたがついている真空容器を使うと，より安全にいろいろな実験ができます。

　簡易真空ポンプのメリットは，自分の手で空気を抜いていくことができるという点にあります。空気を抜いていくと，手への抵抗が大きくなり，大気圧の大きさが実感できます。

2 もっと手軽な簡易真空容器

　食品保存用として開発され，市販されている簡易真空容器もあります。ポンプと容器が一体化しており，4000円程度で購入できます。

　プラスチック製の透明容器で，中の様子をよく見ることができるものを購入しましょう。

ビジュアル解説！

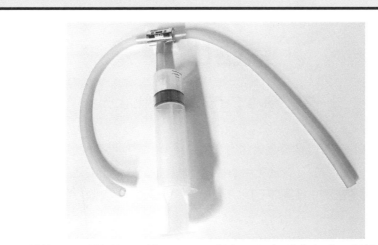

吸排装置・吸排気管・注射器で3500円程度です（電動真空ポンプだと，小型でも30000～90000円程度はします）。

簡易真空ポンプ

ポンプを上下させると空気が抜けます。

左の写真のように，減圧によって風船をふくらませる実験のほか，真空中で音が伝わらない実験，アルミ缶をつぶす実験，雲の発生，減圧沸騰，葉の気孔を調べる実験など，真空ポンプや真空容器を使うと，様々な実験ができます。

真空容器・ネオスポンジ製パッキン・真空用蓋・外気導入管・ピンチコックで7000円程度です。

簡易真空容器（左）と真空容器（右）

6章 これは使える！観察・実験の便利アイテム

6章 これは使える！観察・実験の便利アイテム

点眼びん

リーズナブルなアイテムを活用しよう！

　水溶液の実験では，酸性とアルカリ性を見分ける指示薬として，BTB溶液やフェノールフタレイン液を用いるのが一般的です。その際，指示薬を少量ずつ小分けできて生徒実験で用いるのに便利なのが，点眼びんです。

1 定番はスポイトびんや滴びん

　ビーカーに入れて配付し，スポイトや駒込ピペットで水溶液に滴下するという方法もありますが，多くの学校で一般的に使用されているのは，スポイトびんや滴びんだと思います。小分けして保管でき，少量ずつ使用するのに適しています。

　しかし，これらには欠点もあります。スポイトびんは，誤って液体を吸って元の容器の試薬に混入してしまうということがありがちです。滴びんは，ふたと容器がくっついてしまってとれなくなってしまうということが起こりがちです。

2 安価な点眼びん，プチボトルが便利

　そこで，樹脂製の点眼びんやプチボトルを使ってみることをおすすめします。

　スポイトびんや滴びんと同様に管理，保存がしやすいだけでなく，安価です（数分の1程度の価格です）。劣化したり，汚れたりしても，気軽に新しいものと交換するという使い方ができます。

ビジュアル解説！

滴びんには，色や形で様々なタイプがあります。写真は30mLの容量で約650円です。

スポイトびんにも，丸型，角型，無色，茶色といろいろなタイプがあります。写真は30mLの容量で約500円です。

摘びんとスポイトびん

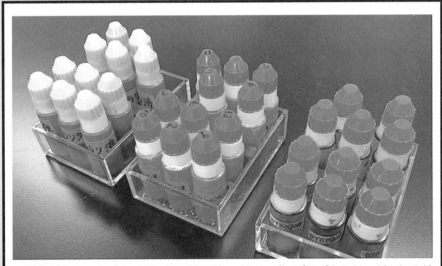

樹脂製の色つき（赤，青，緑，黄，茶，オレンジ）プチボトルは，10mLの12個組が600円程度，30mLの6個組が2200円程度です。点眼びん（樹脂製）は10mLの10個組が430円程度と非常に安価です。

樹脂製のプチボトル

6章 これは使える！ 観察・実験の便利アイテム

石灰水採水びん

コストを意識してアイテムを選ぼう！

　500mLのボトルに石灰水を詰めたものが販売されています。一方，石灰水は理科室でも簡単につくることができます。近年は様々なツールやアイテムが販売されていますが，コストも考えながら使い分けていくようにしたいものです。

1 コストを比べる

　前述のボトル入りの石灰水は，500mL入りで1000円程度です。多くの学校では一年間に10L以上の石灰水を使うはずですので，ボトル入りの石灰水でこれをすべて賄おうとすると，かなりの出費になることがわかります。
　右ページのように，石灰水採水びんで石灰水をつくる場合と比べると，その違いは一目瞭然です。

2 水酸化カルシウムと水を入れて放置するだけ

　石灰水採水びんで石灰水をつくるのは簡単です。
　まず，水道水を入れた石灰水採水びんに，水酸化カルシウムを入れてよく撹拌します。
　全体が白濁するが数時間も放置すれば溶けきれない水酸化カルシウムは沈殿します。透明な上澄みが実験に使用する石灰水です。
　使っているうちに石灰水が足りなくなったら，水道水を追加し同じ手順でつくることができます。

ビジュアル解説！

石灰水採水びんは，10L用で3500円程度，20L用で6000円程度です。

ボトルで購入する場合と自作する場合の石灰水10Lのコストの比較
❶ボトルで購入する場合
　1000円（500mL）×20本＝20000円

❷理科室で自作する場合
　石灰水採水びん……3500円
　水酸化カルシウム… 150円（500gを1500円程度で販売）
　水道水………………　2円（1Lあたり0.2円程度）
　　　　合計　3652円

以上から，10Lあたりで自作の方が16348円安く済むことになります。

石灰水にかかるコストの比較

6章　これは使える！観察・実験の便利アイテム

6章 これは使える！観察・実験の便利アイテム

❼ 火山灰

園芸用土を活用しよう！

　火山灰に含まれる鉱物を観察させたいとき，火山灰の入手に苦労することがあります。もちろん，教材販売店から購入する方法もありますが，ホームセンターや園芸品店で売っている「鹿沼土」や「赤玉土」を活用することができます。

1 手軽に買える火山灰

　鹿沼土は2Lで100円前後，粒の大きさにもよりますが，赤玉土も3Lで300〜400円程度で売っています。いずれも，数種類の鉱物が含まれており，きれいに輝く鉱物が観察できます。

2 最初は水に浮く鹿沼土

　他の火山灰と同様に，鹿沼土や赤玉土から鉱物を取り出す方法として，①試料を蒸発皿に入れる，②水を加える，③指の腹で押す，④濁った水を流す，⑤水が濁らなくなるまで②③④を繰り返す…という「腕掛け法」があります。
　鹿沼土の場合，最初水を入れたときに浮かび上がる粒があります。指で押すとき，柔らかいスナック菓子を押しつぶしているような感覚がします。
　なお，同じ鹿沼土でも，製品によって含まれる鉱物の種類や割合がかなり異なるので，授業ではいくつか用意して，生徒に試させてみてもよいでしょう。

ビジュアル解説！

左が鹿沼土で，栃木県の鹿沼に赤城山の火山灰が降り積もってできた土です。右が赤玉土で，関東ローム層の赤土の粒子を均一にしたものです。いずれも園芸用土として市販されています。

鹿沼土と赤玉土

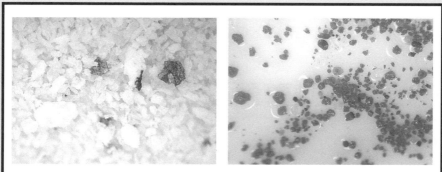

左は鹿沼土を，右は赤玉土を「腕掛け法」で処理して観察したものです。火山灰によって鉱物の特徴が異なります。

鉱物の観察

6章 これは使える！観察・実験の便利アイテム

教訓茶碗

本物で原理を体験させよう！

沖縄県の石垣島に伝わる教訓茶碗。ある量までは普通に水を入れることができるのですが，ある量を境に底から水が流出し，ほぼすべての水を失ってしまうという茶碗です（欲張ることを戒める教訓茶碗ということなのでしょう）。

1 本物で生徒の探究心をわしづかみ

石垣島では市販されていますが，インターネットの通販サイトなどでも手に入れることができます。せっかくですから，まずは本物で試してみながら，どのような構造になっているのかを推測させるとよいでしょう。

教訓茶碗には，サイフォンの原理が生かされています。ある場所から高さの低い別の場所へ水を導く際，管の中が水で満たされていれば，出発地点よりも高い場所を通過しても，水を導くことができるというものです。

2 簡単な材料で自作できる不思議なコップ

右ページ下の手順で紙コップとストローを用いて工作することで，この原理を簡単に再現することができます。

工作した後に，どこまでだったら水を入れることができるのか，どこまで入れたら水が流出するのかを分析させると，生徒はいろいろなことに気づきます。

ビジュアル解説！

茶碗の中に何やら怪しげなものが…。この部分にサイフォンの原理が生かされています。

教訓茶碗

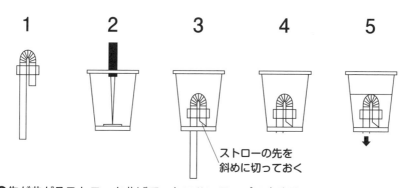

❶先が曲がるストローを曲げて，セロハンテープで止める。
❷紙コップの底に両面テープを貼り，ストローと同径の穴をあける。
❸ストローを上から差し込み，水漏れしないように隙間を埋める。
❹余分なストローを切断して完成。
❺水を入れる。ストローの頂点より上まで入れると水が流出する。

不思議なコップの作成手順

6章 これは使える！観察・実験の便利アイテム

⑨ ポータブル・スピーカー

身の回りのもので音楽を奏でよう！

　音は物体が振動して起こります。それならば空き缶やゴミ箱などもうまく振動させれば音楽を奏でることができるのでしょうか？　それを実現するポータブル・スピーカーがあります。

1　箱や段ボールがスピーカーに

　右ページ上のポータブル・スピーカー（CANDY MUSIC）は，ケーブルをオーディオ・プレイヤーにつなぎ，直径約3.5cmの半球形の本体（伝導部）を段ボール箱，空き缶，ティッシュペーパーの箱などにくっつけ，震わせることで，スピーカーにしてしまうというシステムです。

　オーディオ・プレイヤーの電気信号を強い振動に変換し，その振動を本体の粘着パッドでくっつけられたものに伝えて，スピーカーに仕立て上げているのです。

2　空き缶が動き出す

　音が鳴っているときの本体の粘着パッドの面を指で触ると，音に合わせて振動しているのが感じとれます。

　また，粘着パッドを空き缶につけると，その振動が空き缶に伝わることで，空き缶が音に合わせて動き出します。

　音が物体の振動によることが実感できるよい教材です。

ビジュアル解説！

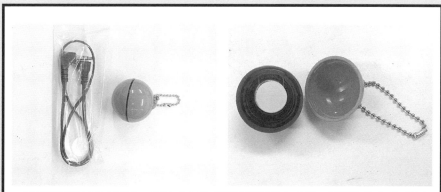

　販売元の違いなどによっていくつかの種類がありますが，標準的なタイプのものは，インターネットで2000円前後の価格で販売されています。

比較的安価で購入できます

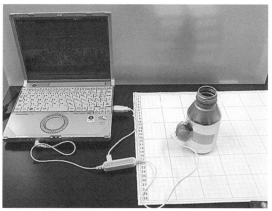

　音が小さい場合，別売りのパワー・ブースターで音を大きくすることができます（内蔵タイプのものもあります）。パワー・ブースターで音を大きくして空き缶につなげると，空き缶が振動することによって，音に合わせて踊るように動き出すことがあります。
　その様子は，インターネット上の動画サイト※でも見ることができます。
※ http://www.youtube.com/watch?v=YJp7THUtLNM

音を大きくすれば，空き缶が踊り出す！

6章 これは使える！観察・実験の便利アイテム

気泡緩衝材

プチプチで浮沈子をつくろう！

　1年の物理領域で水圧と浮力を指導します。発展にはなりますが，浮力が水を押しのける体積と関連していることをあらかじめ指導しておき，浮沈子を工作して，その動きの原因を科学的に考察させます。

1 廃品利用でコストカット

　生徒は「プチプチ」などと呼ぶ，気泡緩衝材。われものなどを梱包する際に使用されます。わざわざ購入しなくても，これを手に入れたときに手元に残しておけば教材として活用することができます。

　また，炭酸用のペットボトルも実験で使用するので，日ごろから集めておきましょう。

2 アルキメデスの原理が息づく楽しいおもちゃ

　気泡緩衝材でつくった浮沈子をペットボトルに入れてふたをすると，浮いたままです。しかし，ペットボトルの側面を静かに押すと，浮沈子がゆっくりと沈んでいきます。ペットボトルを押す力を調整することで，浮沈子の浮き沈みを自由自在にコントロールすることができます。

　生徒には気泡の様子にも注目させます。沈むときには気泡が少しつぶれ，浮くときには元の形に戻ろうとしています。アルキメデスの原理と結びつけたい場面です。

ビジュアル解説！

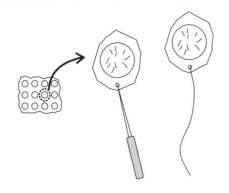

①気泡を1個選び，周辺部を含めて大きめに切ります。ふちの部分に小穴をあけ，細めのエナメル線を結いつけます。

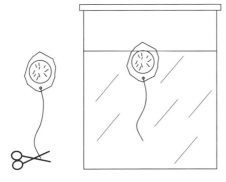

②水そうに水を張り，気泡にエナメル線を結いつけたものを沈めます。水面に浮くまでエナメル線を少しずつ切り，長さを調整します。

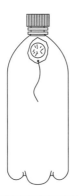

③ペットボトルを水で満たし，浮沈子を入れてふたを閉めたら完成。ふたを閉めたときに沈んでしまったら，エナメル線をあと少しだけ切ります。

※エナメル線を切りすぎて沈まなくなったら，エナメル線を足して結いつけます（試行錯誤を促すために，エナメル線を使用します）。

浮沈子のつくり方

6章 これは使える！観察・実験の便利アイテム

凸レンズと厚紙

意外な結果で生徒にゆさぶりをかけよう！

　物体から出た光が凸レンズを通過し，その光が1点に集まるとき，その場所に倒立した実像ができます。

　もちろん，生徒はこのことをしっかりと学習しているはずなのですが，学習を終えた後に，レンズの中心部分を厚紙で隠して光が通過できないようにしたとき，実像ができるかを問うと，とたんに自信がなくなる生徒が出てきます。

1 わかったつもりの生徒に挑戦状

　凸レンズの隠し方には様々なバリエーションがあります。ここでは中央部に厚紙を貼っていますが，上半分を隠したり，下半分を隠したり，ハートの形の厚紙を貼りつけたり…と，方法はいろいろあります。

　いずれにしても，実像ができるかどうかを問うわけですが，レンズをすべて隠したわけではないので，何かしらの像が映ると生徒は考えます。しかし，一部が欠けた実像ができると思う生徒が少なくありません。

2 隠した場合と隠さなかった場合の違い

　実像が欠けることなく映ることが確認できたら，隠した場合と隠さなかった場合の映り方の違いを発見させます。すると，実像の明るさが異なることが見えてきます。

ビジュアル解説！

　手前に見えるのが，中央部を黒い厚紙で隠した凸レンズで，奥に見えるのが，トレーシングペーパーをプラスチックケースにはさんでつくった即席のスクリーンです。

　この写真を見ると，窓の外の校舎が逆さになってスクリーンに映っていることがわかります。また，レンズの中央部を厚紙で隠していても，実像の中央部は欠けていません。

　ここで，厚紙で隠した場合と隠さなかった場合を比較し，実像の明るさが異なることに気づかせます。

厚紙でレンズの中心部を隠す実験の様子

6章　これは使える！観察・実験の便利アイテム

6章 これは使える！観察・実験の便利アイテム

おもちゃのばね

縦波，横波の違いを視覚化しよう！

波の話題は音の学習と地震の学習で登場します。縦波と横波の違いを視覚化して説明することができる身近なアイテムを紹介します。

1 見えないものを見せる

進行方向と同じ方向に振動している波が縦波，進行方向に対して垂直な方向に振動している波が横波です。音波は縦波，地震波のP波は縦波，S波は横波です。振動は体感できるものの，波の進行方向に対してどの方向に振動しているかということを地面や空気で実感することは難しいものです。

そこでばねの登場です。子どものころにだれもが一度は触れたことがあるおもちゃのばねが役に立ちます。

2 縦波をつくる

進行方向と同じ方向にばねを縮め，生徒には波の伝わり方に注目させます。ばねの密な部分と疎な部分ができ，移動していくことがわかります。確認できたら連続的に振動させてみます。

3 横波をつくる

ばねの端を手で持ち，進行方向に対して垂直な方向に手を振ります。するとヘビのようにくねらせながら振動が伝わっていくことがわかります。

ビジュアル解説！

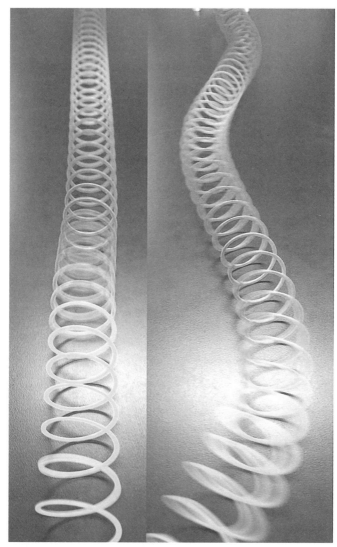

机上に一直線に置き，ばねの一部をつまんで振動を発生させます。
左側が縦波の様子，右側が横波の様子です。

ばねの様子

6章 これは使える！観察・実験の便利アイテム

コルクボーラー

必要なゴム栓を自前でつくろう！

　ガラス管や温度計を通すために穴があいているゴム栓は，よく実験で使われます。すでに穴があいたゴム栓も売っていますが，道具があれば自分でゴム栓に穴をあけることができます。

1 コルクボーラー

　ゴム栓に穴をあけるには，コルクボーラーという道具を使います。T字型をした金属製の道具で，先端はのこぎりの刃のようにギザギザになっています。先端をゴム栓にあて，T字型の上の持ち手の部分をゆっくり回転させながら押し込むことで，栓に穴をあけます。

　スピードホルダー（右ページ下写真）があると，ゴム栓を固定し，容易にきれいな穴をあける事ができます。

2 ガラス管を差しこむときも要注意

　穴があいたあと，ガラス管や温度計を通します。そのとき，穴の直径が大きすぎるとそこから気体が漏れますし，小さすぎるとガラス管などを通しにくくなり，無理に通そうとするとガラス管が折れてけがをする危険があります。ゴム栓に穴をあける前に，ガラス管の口径を確認しておきましょう。

　また，ゴム栓に通すガラス管の先端が割れていたりすると，ガラス管の中に，ゴムのカスが入り込んだり，ガラス管を通すときにケガをする原因になったりするので気をつけましょう。

ビジュアル解説！

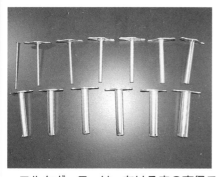 

　コルクボーラーは，あける穴の直径ごとにあり，通常は3本から12本のセットで売られています。
　商品によっては先端が並刃のものがありますが，それはコルク用で，ゴム栓の穴あけに適しているのは鋸刃のものです。

コルクボーラー

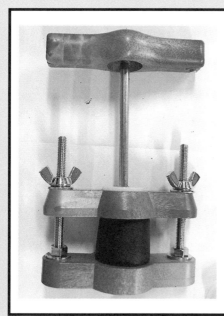

　スピードホルダーを使うと，簡単かつきれいにゴム栓に穴をあけることができます。
　摩擦で熱が発生するので，水を加えると回転しやすくなります。
　穴をあけたあと，コルクボーラーの穴の中に入り込んだまま残ったゴム栓は，付属の押し棒で取り除きます。

スピードホルダー

6章 これは使える！観察・実験の便利アイテム

14 ガラス管①

I字管やL字管を自作してみよう！

　I字管やL字管など，簡単なガラス器具は，製品を購入するより自作した方が安価で済みます。ちょっとしたガラス細工のスキルを身につけておくことで，限られた予算を有効に使うことができます。

1　買うよりつくった方が圧倒的に安い

　市販されているものは，I字管が120円程度，L字管が200円です。
　一方，加工されていないガラス管は，長さ1.2mで外径6mmのものが1本250円程度で購入できます。1本のガラス管から6cmのI字管を20本，10cmのL字管を10本はつくれます。
　このように，自作すれば，およそ10分の1の材料費で済むということになります。

2　ガラス管を切る（折る）には，まず傷をつける

　「傷をつけたガラス管を引っ張るようにして折る」というのが，ガラス管を切るコツです。
　切りたい位置にガラス管切りを合わせ，ガラスをしっかりとはさむようにして，ガラス管を1回転だけさせて傷をつけます。
　ガラス管切りでは切りたい部分に円形の傷をつけますが，羽やすりを使う場合は切りたい部分に線で傷をつけます。

🧪 ビジュアル解説！

切りたい位置をガラス管切ではさみ，ガラス管を回転させてしっかりと傷をつけます。
このときガラス管をはさむ位置がずれてしまうことがないように，やや強くはさむようにします。
※ガラス管切りは2500円程度です。

切りたい位置に斜め45度の角度で羽やすりを押し当てて，5mmほどの長さの深い傷を入れます。
まず，羽やすりを置き，自分の方へ羽やすりを引きます。力を入れ，まっすぐな傷をつけます。このとき，のこぎりで切るようにゴリゴリと羽やすりを用いてこすると，傷が直線になりにくいので避けましょう。
※羽やすりは1500円程度です。

○ 一方向に押して傷をつける。
× 直角にあてない。
× 前後に動かさない。

ガラス管切りと羽やすり

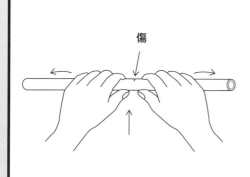

ガラス管につけた傷を上にして左右に引くようにしながら，やや曲げるようにして2つに切ります。折り曲げるようにしてしまうと，切り口にひびや亀裂が入ったりして，その後のガラス細工がやりにくくなります。ガラスを折るようにするのではなく，勢いよく引っ張る気持ちで行うとうまくいきます。切り口がきれいな面になれば成功です。

ガラス管の切り方

6章 これは使える！観察・実験の便利アイテム

15 ガラス管②

I字管やL字管を自作してみよう！

1 ガスバーナーで熱する

ガラス細工は，ガラス細工専用のガスバーナーでなくても，理科室にある普通のガスバーナーで十分できます。

ガスバーナーの炎の大きさを強火にします。

高温になるのは，内炎の先端の部分です。ここに加熱したい部分をもっていくようにします。

高温部

2 手を切らないようにガラス管の端を丸める

ガラスは色が変わっていなくても熱して炎から出した直後はかなり熱くなっているので，やけどには十分注意しましょう。

また，ガラスで手を切ってけがをすることがないように留意しましょう。ガラス管を切ったら，両端をガスバーナーで加熱して，なめらかになるように片方ずつ丸めます。このとき，熱しすぎると管が閉じてしまうのでそこにも気をつけましょう。

回転させながら加熱する

ビジュアル解説！

❶15cmの長さのガラス管を用意します（細工しやすいように長めに）。

❷ 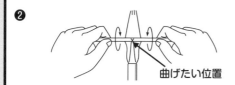　ガラス管の中央付近を図のように回転させながら幅広く加熱します。

❸ガラス管を炎から取り出し，曲げます。

　ガラス管の色が橙色になり，片方の手を放すと自然にガラス管が垂れ下がってしまうぐらい柔らかくなってから曲げます。

　直角にガラス管を曲げるときに，一度に曲げると，右図のように，外側がやや扁平になってしまいがちです。

　90度にするためには，少しずつ曲げていきます。まず，30度程度曲げます（ア）。その脇を加熱して30度程度曲げます（イ）。さらにその脇を加熱して30度程度曲げます（ウ）。冷めてしまわないうちに，手早く作業をします。
　また，実験台の角に合わせて90度になるように微調整します。

❹手を切らないように，両端を加熱して丸めておきます。

L字管のつくり方

6章 これは使える！観察・実験の便利アイテム

デジタル顕微鏡

長所を生かして協働学習を活性化しよう！

　目の代わりに画像素子を搭載し，液晶モニター上で観察するデジタル顕微鏡もだいぶ普及し，学校にも導入しやすい価格のものも出回っています。デジタル顕微鏡を用いると，光学顕微鏡ではできなかった多くのことが実現できます。

1 顕微鏡写真が簡単に撮れる

　ボタン1つできれいな顕微鏡写真が撮れるのは，デジタル顕微鏡ならではのことです。水中の微生物などの観察のときには動画を撮影することもできますし，教師が演示するときは，テレビやスクリーンなどに映し出すこともできます。

　もちろん，撮影した画像を他のクラスや次の授業時間にもう一度提示したり，レポート作成に利用させたりすることもできます。

2 観察対象についての話し合いがやりやすくなる

　デジタル顕微鏡では，モニターに映ったものを複数の人が同時に見ることができます。

　この機能を利用して，モニターに映った試料をグループで観察しながら気づいたことを話し合う活動も展開することができます。また，そのとき，モニター中の一部を指して，「ここが…」と示しながら説明をするようなこともできます。

ビジュアル解説！

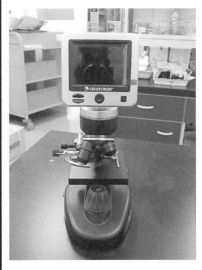
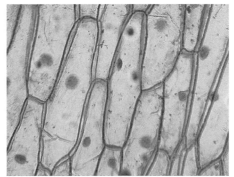

左の機種は実売価格で約5万円です。十分導入を検討する余地のある価格と言えます。

右はデジタル顕微鏡で撮影したタマネギのりん片です。

デジタル顕微鏡

グループで同時に同じ試料を観察できるので，気づいたことを出し合うなどの協働学習が格段にやりやすくなります。

デジタル顕微鏡の長所を生かした協働学習

6章 これは使える！観察・実験の便利アイテム

書画カメラ

機能を生かして授業の幅を広げよう！

　書画カメラと板書の重ね合わせは，教師の説明を深化させます。また，書画カメラの静止画・動画保存機能を活用すると，授業の幅がぐんと広がります。

1 書画カメラとプロジェクターを接続し黒板に投影

　書画カメラとプロジェクターを接続し，直接黒板に投影します。そうすると，投影画像と板書の重ね合わせができるので便利です。

　例えば，溶解度曲線を書画カメラで映すと，映したグラフにチョークでかき込むことや，かき込みを黒板消しで消すこともできます。

　説明が終わったら，プロジェクターの電源を切れば通常通り黒板を使うことができます。

2 書画カメラで撮影，保存，再生

　書画カメラで動画撮影をし，SD カードなどの記録媒体に保存し，再生することができます。

　例えば，実験の手順などをあらかじめ動画で撮影しておき，授業内で再生することによって，説明時間の短縮や重要な場面を繰り返し再生し，説明することができます。

ビジュアル解説!

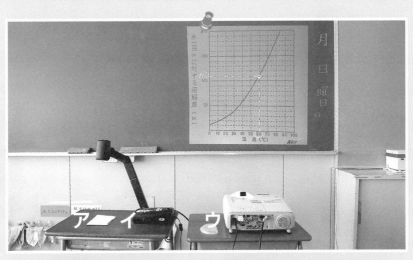

ア 溶解度曲線がかかれたプリント　イ 書画カメラ　ウ プロジェクター

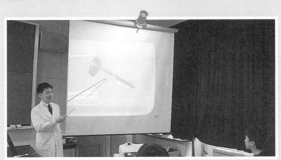

動画を投影すると，生徒の方を見ながら説明することができます

書画カメラを用いると手元の実験の様子を容易に動画撮影できます

6章 これは使える！観察・実験の便利アイテム

高速スキャナー

機能を生かして仕事を効率化しよう！

デジタル機器は日進月歩で進化しています。授業の中だけでなく，仕事の効率化にもうまく活用していきたいところです。

1 高速スキャナーで生徒作品や答案を保存する

シートフィード式スキャナー（ドキュメント・スキャナー）は，紙を連続給紙して読み取ることができ，同じサイズの文書を大量に処理することができます。

ADF（原稿を自動的に給紙するための装置）がついているのが普通で，複数枚の原稿を読み取らせる際，1枚ずつ原稿をセットしなくても，数十枚の原稿をまとめて両面読み取らせることができます。1学級分のデータの読み取りが1分ちょっとで完了します。

生徒の答案や作品のデジタル化，保管が簡単にできます。

最近は，非接触型のスキャナーも販売されており，貴重な資料や扱いに慎重を期さなければならない作品なども，より気軽にデジタルデータにすることができるようになっています。

2 データの整理，検索

OCR機能（スキャナーで読み取った画像から文字情報を認識する機能）を使えば，PDF化された文書はパソコンで用語検索できます。

パソコンを用いるとデータの整理や検索が簡単にできるようになります。

ビジュアル解説！

安い価格のものも販売されていますが，コスト＆パフォーマンスで考えると，5万円程度の機種がおすすめです。例えば，1枚ずつ原稿をセットしなくても，数十枚の原稿をまとめて両面読み取らせることができます。

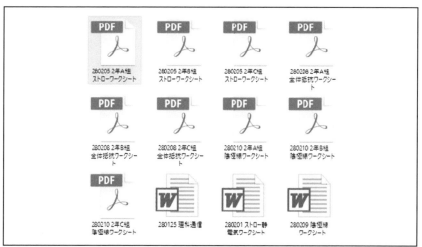

PDF化された文書はパソコンで用語検索できます。

高速スキャナーならではのよさがあります

【執筆者一覧】

山口　晃弘（東京都品川区立八潮学園校長）
宮内　卓也（東京学芸大学教育実践研究支援センター准教授）
前川　哲也（お茶の水女子大学附属中学校）

大久保秀樹（東京都墨田区立桜堤中学校）
大西　琢也（東京都日野市立日野第四中学校）
岡田　　仁（東京学芸大学附属世田谷中学校）
上村　礼子（東京都立小石川中等教育学校）
小笹　哲夫（茗溪学園中学校高等学校）
菰池　哲也（東京都八王子市立松木中学校）
高城　英子（独立行政法人科学技術振興機構理数学習推進部）
牧野　　崇（東京都豊島区立池袋中学校）
渡邉　雅人（関東学院中学校高等学校）

【編著者紹介】

山口　晃弘（やまぐち　あきひろ）
東京都品川区立八潮学園校長
主な著書
『中学校理科　授業を変える課題提示と発問の工夫50』（単著，明治図書），『中学校理科　9つの視点でアクティブ・ラーニング』（編著，東洋館出版社）他多数

宮内　卓也（みやうち　たくや）
東京学芸大学教育実践研究支援センター准教授
主な著書
『中学校理科　授業を変える板書の工夫45』（単著，明治図書），『板書とワークシートで見る全単元・全時間の授業のすべて　中学校理科』（編著，東洋館出版社）他多数

前川　哲也（まえかわ　てつや）
お茶の水女子大学附属中学校教諭
主な著書
『授業をぐ～んと面白くする中学理科ミニネタ＆コツ101』（編著，学事出版），『板書とワークシートで見る全単元・全時間の授業のすべて中学校理科』（編著，東洋館出版社）他多数

ビジュアル解説でよくわかる！
中学校 理科室マネジメントBOOK

2016年7月初版第1刷刊　Ⓒ編著者	山　口　晃　弘
	宮　内　卓　也
	前　川　哲　也
発行者	藤　原　光　政
発行所	明治図書出版株式会社

http://www.meijitosho.co.jp
（企画）矢口郁雄　（校正）大内奈々子
〒114-0023　東京都北区滝野川7-46-1
振替00160-5-151318　電話03(5907)6701
ご注文窓口　電話03(5907)6668

＊検印省略　　組版所　株式会社カシヨ

本書の無断コピーは，著作権・出版権にふれます。ご注意ください。

Printed in Japan　　ISBN978-4-18-198716-9
もれなくクーポンがもらえる！読者アンケートはこちらから　→

中学校理科 授業を変える 課題提示と発問の工夫50

続々重版中！

Yamaguchi Akihiro
山口晃弘 著

学習課題と発問を通して理科授業の本質に切り込む！

理科の授業づくりを考えるうえで欠かすことができない2つの要素、課題と発問。生徒が思わず授業に引き込まれる魅力的な課題とその提示の工夫、課題を生徒自身の問いにまで転化させる発問の工夫を、中学3年間の各領域の内容に沿って具体的な授業展開の中で紹介します。

顕微鏡の使い方を相互評価しよう（生物の観察）／恐竜の足跡は化石と言えるでしょうか？（地層の重なりと過去の様子）／水道管には反発し、定規には引き寄せられるのはなぜでしょうか？（静電気と電流）／固体の塩化ナトリウムに電流は流れるでしょうか？（水溶液の電気伝導性）／科学的な根拠に基づいて意思決定しよう（自然環境の保全と科学技術の利用）　ほか

152ページ／Ａ５判／2,100円＋税／図書番号：1849

生徒が追究したくなる課題 答えたくなる発問が 授業展開の中でわかる！

明治図書　携帯・スマートフォンからは **明治図書ONLINEへ**　書籍の検索、注文ができます。▶▶▶

http://www.meijitosho.co.jp　＊併記4桁の図書番号（英数字）でHP、携帯での検索・注文が簡単に行えます。

〒114-0023　東京都北区滝野川7-46-1　ご注文窓口　TEL 03-5907-6668　FAX 050-3156-2790

＊価格は全て本体価格表示です。